Sinai und das Katharinenkloster

Sinai und das Katharinenkloster

John Galey

SINAI

und das
Katharinen
Kloster

Einführung
George H. Forsyth
Kurt Weitzmann

Belser Verlag

Widmung

»Der Herr sagte: Komm nicht näher heran!
Leg deine Schuhe ab, denn der Ort, wo du stehst,
ist heiliger Boden!«

2. Mose 3, 5

Dieses Buch ist gewidmet den Sinai-Expeditionen der Universitäten Michigan und Princeton, USA, sowie der Universität Alexandria, Ägypten. Spezieller Dank gebührt meinen Freunden Professor Kurt Weitzmann, Princeton, Professor George Forsyth, Michigan, und Fred Anderegg, Michigan. Ich hatte das große Glück, an zwei dieser Expeditionen als Fotograf teilzunehmen und insgesamt fast fünf Monate im Katharinenkloster zu verbringen. Für die Universitäten haben wir Tausende von Aufnahmen gemacht. Zwei wissenschaftliche Veröffentlichungen mit diesem Material aus dem Katharinenkloster sind erschienen, aber bereits vergriffen: G. Forsyth und K. Weitzmann *The Church and Fortress of Justinian* und K. Weitzmann *The Icons, Volume I, 6th – 10th Century.*

Aus meinem privaten Fotomaterial ist nun das vorliegende Buch entstanden. Persönlich arbeitete ich mit Kurt Weitzmann zusammen, dessen Spezialgebiet die Ikonenmalerei ist. Ihm gebührt mein besonderer Dank für seine großzügige und aktive Mithilfe – ohne ihn wäre dieses Werk nicht zustande gekommen. Großer Dank gilt ebenso George Forsyth, der mir seinen Beitrag über die Architektur und die Geschichte des Klosters sowie die Pläne zur Verfügung stellte. Dank auch Fred Anderegg, Chef-Fotograf von Michigan, der seither zu meinen besten Freunden zählt. Die Beduinen im Sinai nennen ihn »Mister Fred«, und sein herzliches Lachen ist in der ganzen Wüste bekannt. Einige der Gäste, die längere Zeit mit uns gearbeitet haben, möchte ich nicht unerwähnt lassen, so Ihor Ševčenko aus Dumbarton Oaks, USA, Ahmed

Fikry und Samy Shenouda aus Alexandria und Ernest Hawkins aus England, der das große Mosaik restauriert hat.

Dank auch dem heutigen Erzbischof, seiner Heiligkeit Damianos, und allen Mönchen des Klosters, die durch ihre Güte und Hilfsbereitschaft zum Erfolg unserer Arbeit beigetragen haben.

Sinai – ein Name mit vielen Aspekten, vom Alten Testament bis zur Gegenwart und sicher noch darüber hinaus … Der Aufenthalt in dem ehrwürdigen, 1400 Jahre alten Kloster mit seiner kaum zu erklärenden Faszination hat auch mein Leben verändert.

Möge dieses Buch ein Zeichen der Versöhnung sein und dazu beitragen, Vorurteile zwischen den Religionen abzubauen, ist doch die Halbinsel Sinai ein Gebiet, in dem bis zum heutigen Tage Geschichte geschrieben wird, und zwar gleichermaßen von Juden, Christen und dem Islam.

Es ist mein aufrichtiger Wunsch, daß das Katharinenkloster auf dem Sinai, das im Lauf der Jahrhunderte so viele Gefahren unbeschadet überstanden hat, für alle Zeit erhalten bleibe.

John Galey, Sommer 1979

Inhalt

Kurt Weitzmann

Zur Geschichte des Katharinenklosters

Nicht selten wurde ich von Besuchern des Klosters gefragt: »Wie können wir sicher sein, daß Moses und die Israeliten genau an dieser Stelle in der Felswüste ihr Lager aufschlugen und daß Moses auf eben diesem Gipfel über dem Kloster die Gesetzestafeln empfing?« Ich pflegte nur indirekt mit folgenden historischen Erwägungen zu antworten: Als Moses irgendwann im zweiten Jahrtausend v.Chr. mit dem Volk Israel nach dem Auszug aus Ägypten durch den Sinai wanderte, befand sich die Halbinsel in den Händen der Ägypter. Sie verloren jedoch die Gewalt über das Land, nachdem es von den Beduinen, Nomaden ohne schriftliche Überlieferungen, eingenommen worden war. Als dann die frühen Christen ein Interesse für die heiligen Stätten Palästinas entwickelten – und dazu gehörte die Halbinsel Sinai in »Palästina tertia« –, waren keine schriftlichen oder mündlichen Überlieferungen vorhanden, und sie mußten mit der Suche der im 2. Buch Moses erwähnten Stätten von Grund auf neu beginnen. Mit der Bibel in der Hand zogen die Pilger von Ägypten her und fanden Orte wie Mara mit dem bitteren Wasser oder Elim mit den Palmbäumen und Wasserbrunnen und andere. In der modernen Forschung ist man sich allerdings nicht ganz einig, welchen Gipfel die ersten Pilger für den Berg der Gesetzgebung hielten. Einigen Gelehrten zufolge war es der eindrucksvolle, schroffe Dschebel Serbal auf halbem Weg zum heutigen Kloster. An seinem Fuß liegt die fruchtbare Oase Faran, im 4. Jahrhundert Bischofssitz. Fast von Meereshöhe aus gesehen, scheint dieser stattliche Berg für einen Aufenthaltsort Jahwes weitaus eher in Frage zu kommen als der Dschebel Musa, der Mosesberg, den man erst von einer

Hochfläche in etwa 1500 m Höhe erblickt, also aus der Höhe des Klosters. Zudem wäre es undenkbar, daß eine größere Menschenmenge mehrere Jahre in einer unwirtlichen Felswüste ohne genügend Wasser überlebt hätte, und das gab es nur in der Oase Faran. Ob der Dschebel Serbal oder der Dschebel Musa der Berg Horeb war, blieb lange umstritten – der letztere trug im Lauf des 4. Jahrhunderts den Sieg davon.

Gegen Ende des 4. Jahrhunderts besuchte Etheria, eine adlige Dame und die erste Sinai-Pilgerin, deren Aufzeichnungen erhalten sind, mit ihrem Gefolge die Stätten, die bis heute mit dem Brennenden Dornbusch und der Gesetzgebung Jahwes in Beziehung gebracht werden. Sie schrieb darüber: »Dort befanden sich viele Klausen heiliger Männer und eine Kirche an dem Ort wo der Dornbusch steht … Vor der Kirche ist ein sehr hübscher Garten mit reichlich gutem Wasser, und der Dornbusch steht im Garten. Daneben wird die Stelle gezeigt, an der Moses stand, als Gott zu ihm sagte: 'Leg deine Schuhe ab, denn der Ort, wo du stehst, ist heiliger Boden!'«

Die Mönche, die sich dort angesiedelt hatten und eine lose Gemeinschaft bildeten, wurden immer wieder von dortigen Beduinen aufgestört. Im 6. Jahrhundert sandten sie eine Bittschrift an Kaiser Justinian, er möge ihnen ein Kloster bauen. Der Kaiser, der ebensosehr an der Sicherung seiner Reichsgrenzen interessiert war, leistete ihrer Bitte Folge und ließ ein befestigtes Kloster errichten. Zudem verlegte er eine Söldnertruppe zum Schutz des Klosters dorthin. Der Überlieferung zufolge vermischten sich diese Söldner durch Heirat mit den Beduinen und bildeten einen mohammedanischen Stamm, der noch heute dem Kloster dient.

Prokop, Justinians Hofgeschichtsschreiber, berichtet in seinem Werk *De aedificiis* über die Klostergründung: »Ein schroffes, schrecklich wildes Gebirge mit Namen Sina erhebt sich nahe beim Roten Meer … Auf diesem Berg Sina hausen Mönche, deren Leben eine Art sorgfältiger Vorbereitung auf den Tod ist, und sie genießen ohne Furcht die

Einsamkeit, die ihnen sehr kostbar ist … Kaiser Justinian baute ihnen eine Kirche, die er der Mutter Gottes weihte, damit sie dort ihr Leben mit Gebet und Gottesdienst verbringen könnten.« Das Kloster wurde noch zu Lebzeiten des Kaisers gegründet (zwischen 548 und 565), und die ersten hundert Jahre seines Bestehens waren zweifellos seine Blütezeit.

Als die Mohammedaner im Jahr 640 Ägypten und damit auch die Sinaihalbinsel eroberten, wurden die Bande zu Konstantinopel gelockert, und das Kloster schloß sich mehr an das Patriarchat Jerusalem an. Diese Verbindung besteht heute noch. Meist wurde und wird ein neuer Bischof des autokephalen Erzbistums Sinai vom Jerusalemer Patriarchen inthronisiert. Die Mohammedaner bewiesen im Lauf der Geschichte oft größere religiöse Toleranz als die Christen; dies zeigt sich auch darin, daß das Kloster, eine christliche Enklave in islamischem Gebiet, auf eine ungebrochene Tradition zurückblickt. Zudem gehörte das Kloster der gesamten Christenheit, und zeitenweise lebten dort auch andere orthodoxe Mönche wie z. B. Syrer und christliche Araber. Etwa im 10. Jahrhundert spielte eine Ansiedlung georgischer Mönche eine große Rolle.

Selbstverständlich wurden die Christen auf der Sinaihalbinsel gelegentlich auch verfolgt, so um das Jahr 1000 von einem Mystiker, dem unberechenbaren Kalifen al-Hakim. Die Überlieferung berichtet, als er ausgezogen sei, um das Kloster und andere Gebäude der Christen zu zerstören, seien ihm die Mönche entgegengeeilt und hätten ihn angefleht, das Kloster zu verschonen, weil es auch für die Mohammedaner eine heilige Stätte sei und eine Moschee in seinen Mauern berge – und tatsächlich wurde in größter Eile ein mohammedanisches Gotteshaus eingerichtet! Diese Begebenheit paßt gut zur Baugeschichte der Moschee, einem Gebäude, das ursprünglich offensichtlich eine andere Bestimmung hatte.

Die Verbindung mit Konstantinopel wurde wieder aufgenommen, als byzantinische Heere im 10. Jahrhundert nahe an Jerusalem heranrückten. Wir haben dafür in erster Linie kunstgeschichtliche Beweise. Nachdem der Bildersturm 843 beendet war, kamen Ikonen und illuminierte Handschriften im Stil der Hauptstadt auch in das Kloster; sie zeugen von der führenden Rolle, die Konstantinopel in allen religiösen, kulturellen und künstlerischen Angelegenheiten der orthodoxen Welt innehatte. Manche dieser erneuerten Einflüsse drangen auf Umwegen zur Sinaihalbinsel, vor allem von der Insel Zypern her. Sie war im 10. Jahrhundert von oströmischen Truppen wiedererobert worden und rühmte sich eines reichen byzantinischen Erbes. Das Kloster ist mit Zypern eng verbunden, weil es dort mehrere Niederlassungen, die sogenannten *Metochia,* besaß und heute noch besitzt.

Um dieselbe Zeit – wahrscheinlich im 10., spätestens im 11. Jahrhundert – wurden die Reliquien der heiligen Katharina, die in einer Kapelle auf dem Gipfel des Dschebel Katherina (mit 2637 m höher als der Dschebel Musa) aufbewahrt worden waren, ins Kloster gebracht. So wurde die heilige Katharina, deren Gebeine, wie die Legende berichtet, nach ihrem Märtyrertod in Alexandria von Engeln auf den Sinai getragen wurden, die Schutzheilige des Klosters, das bei seiner Erbauung der Muttergottes geweiht worden war.

Die Beziehungen zu Konstantinopel wurden in der Zeit der Kreuzzüge erneut unterbrochen. Im 12. Jahrhundert scheinen die Kreuzfahrer nur als Besucher gekommen zu sein, aber im 13. Jahrhundert ließen sich westliche Mönche im Kloster nieder. Sie erbauten eine eigene Kapelle, »St. Katharina der Franken«, und einige Künstler unter ihnen malten Heiligenbilder für diese Kirche. Das Kloster wurde in das weströmische Patriarchat Jerusalem eingegliedert und rechtlich dem Suffraganbischof von Petra unterstellt. Die neu geknüpfte Beziehung zu Westrom bestand auch nach dem Zusammenbruch des christlichen Königreichs Jerusalem weiter, weil die autokephale sinaitische Kirche am Schisma von 1054, das die orthodoxe und die römisch-katholische Kirche trennte, nicht teilgenommen hatte und bei Rom geblieben war. Mönche vom Sinai zogen nach Frankreich, um Geld zu sammeln und

Reliquien zu verkaufen; heute besitzt die Kathedrale von Rouen mehr Reliquien der heiligen Katharina als das Kloster, in dem sich nur der Schädel und eine Hand befinden. Umgekehrt kamen viele Wallfahrer, darunter Adlige und Kleriker, aus dem Westen zum Kloster. Davon zeugen unter anderem die vielen Wappen und Namen, die teilweise recht kunstvoll in die Wände verschiedener Gebäude eingeritzt sind, besonders im Refektorium, der *Trapesa,* wo die Pilger wahrscheinlich speisten. Die französischen, deutschen, holländischen und englischen Namen und Wappen stammen aus dem 14. bis 16. Jahrhundert.

Zwischen dem Fall Akkons im Jahr 1291, mit dem das christliche Königreich Jerusalem zugrunde ging, und der Eroberung Konstantinopels durch die Türken im Jahr 1453 brachten die Paläologen die byzantinische Kunst und Kultur zu neuer Blüte, deren Ausstrahlung bis zum Sinai spürbar war. Selbst nach dem endgültigen Fall Konstantinopels ging die byzantinische Kultur nicht unter; die Insel Kreta wurde zum Mittelpunkt der sog. nachbyzantinischen Ära. Dort blieb die byzantinische Kunst lebendig, auch als die Insel von den Venezianern eingenommen wurde. Wie auf Zypern besaß und besitzt das Sinaikloster auch auf Kreta große Ländereien, insbesondere in Heraklion ein blühendes Metochion. Kretische Ikonenmaler schufen viele Kunstwerke für das Katharinenkloster.

Außer den kretischen Griechen erhoben aber auch Slawen den Anspruch, Erben von Byzanz zu sein, als erste die Hospodaren der Moldau und Walachei. Da sie sich in der Nähe der besiegten Hauptstadt befanden, hatten sie einige Schätze, vor allem liturgische Gegenstände, für sich retten können und gründeten nun eigene Werkstätten, die diese Tradition fortsetzten. Sehr viele Kunstwerke schenkten sie den großen orthodoxen Gründungen, Kirchen und Klöstern, allen voran den Klöstern auf dem Berg Athos, in Jerusalem und auf dem Sinai. Bald jedoch machte ihnen Moskau, das dritte Rom, ihre Rolle als Beschützer der gesamten Orthodoxie streitig. Der Zar von Rußland begann, die orthodoxen Klöster mit seinen Gaben zu überhäufen, und in den

Schatzkammern auf dem Athos, in Jerusalem und auf dem Sinai finden sich die Zeugen seiner Freigebigkeit, darunter auch russische Ikonen mit reichverzierten Verkleidungen aus Edelmetall, die sogenannten Oklad oder Riza, die teilweise eher kostbar als kunstvoll wirken.

Trotz des starken slawischen Einflusses auf dem Sinai riß die Verbindung des Klosters mit der römisch-katholischen Kirche nie ganz ab. Auf seinem Ägyptenfeldzug entsandte Napoleon den Marschall Kléber zum Kloster, damit er dessen teilweise zerfallene Mauern wieder aufrichte. In der Bibliothek befindet sich ein mit Bonaparte unterzeichnetes Dokument, in dem er dem Kloster besondere Vorrechte zusichert.

Wie aus seiner Geschichte hervorgeht, ist das Katharinenkloster nicht der griechisch-orthodoxen Kirche allein, sondern einem größeren Kreis orthodoxer Kirchen geistig zugehörig, so der georgischen, der melchitisch-syrischen und der russisch-orthodoxen Kirche, zu Zeiten auch der römisch-katholischen Kirche. Diese Kirchen vertreten das Dogma von den zwei Naturen Christi, das beim Vierten Ökumenischen Konzil im Jahr 451 in Kalchedon verkündet wurde. Die monophysitischen Kirchen haben dieses Dogma nicht anerkannt; deshalb finden wir auf dem Sinai kaum Einflüsse der armenischen oder der koptischen Kirche, obwohl Alexandria nicht fern ist. Der Sinai gehört zum Heiligen Land; das Kloster ist als heilige Stätte ein bedeutender Wallfahrtsort. Während aber die meisten heiligen Stätten in Jerusalem, Bethlehem und Nazareth von Eroberern aus verschiedenen Völkern immer wieder zerstört oder beschädigt wurden, ist das Katharinenkloster als einziges der Vernichtung entgangen und konnte ein unvergleichliches Erbe byzantinischer Kunst und Kultur bewahren.

1 Die Halbinsel Sinai, links der Golf von Suez, rechts der Golf von Akaba. Im Gebirge des unteren Drittels liegt das Katharinenkloster, 1400 Meter ü. d. M. (Satellitenfoto der NASA).

2 Das fast 1400 Jahre alte Kloster mit Garten von Nordosten, am Fuße des Mosesberges gelegen.

3 Die hohen Mauern umgeben ein Geviert von ca. 70 × 85 m. Die Kirche liegt in der West-Ost-Achse. Rechts und hinten Gästequartiere. Kapellen, Mönchsbehausungen und enge Gassen verleihen dem Ganzen einen dorfähnlichen Charakter.

4 Die 12–15 m hohe Wehrmauer aus justinianischer Zeit. 1312 bei einem Erdbeben im oberen Teil eingefallen, wurde sie auf Anweisung Napoleons im Jahre 1801 von Marschall Kléber restauriert.

5 Der aus dem Mittelalter stammende Aufzug. Damals waren sämtliche Eingänge zu ebener Erde zugemauert, und Pilger wie auch Waren wurden in Netzen und Körben heraufgezogen.

6 Vier Beduinen drehen die Winde, wobei das Seil langsam um den Mittelteil aufgewickelt wird. Eine einfache, aber zuverlässige Einrichtung.

7 Links der heutige Eingang von außen, rechts davon das alte, zugemauerte Portal. Deutlich erkennt man den dreiteiligen oberen Abschluß mit den eingemeißelten Medaillons.

8 Ein Teil des gut erhaltenen Wehrgangs an der Nordost-Mauer.

9 Innenansicht des heutigen Eingangs, erbaut 1861 unter Erzbischof Kyrillos von Konstantinopel.

10 Außen an der Südwest-Mauer befinden sich eine Anzahl von Steinmetz-Arbeiten aus dem 6. Jh. (Höhe ca. 130 cm).

11 Fresken mit Vogelmotiven an der Decke der kleinen Mauerkapelle.

12 Inneres der Mauerkapelle aus dem 6. Jh. in der Südwest-Mauer. In der kleinen Apsis Fresko-Verzierungen mit Kreuzmotiv.

13 Die Basilika des Klosters aus dem 6. Jh., von Südosten. Im Vordergrund das Bleidach über der Kapelle des Brennenden Dornbusches. Rechts der Kirchturm aus dem Jahre 1871, dahinter die Moschee. Im Hintergrund das moderne Gästequartier aus dem 20. Jh. mit dem kuppelförmigen Treppenhaus.

14 Durchgang an der
Nordmauer der Kir-
che, links die Quar-
tiere der ranghöchsten
Mönche. Dieser Weg
führt hinter die Kirche
zum Brennenden
Dornbusch.

15 Verwinkelte Gas-
sen, Kapellen und
Gebäude aus verschie-
denen Jahrhunderten.
Im Vordergrund das
Dach des Wasser-
pumpenhäuschens.

15

16

17

18

16 Verschiedene Gebäude in der Südost-Ecke. Rechts unten, über der Kirche, die alte Bibliothek.

17 Das Semantron, ein Holzbrett, das mit einem Hammer geschlagen wird, um die Mönche zum Gottesdienst zu rufen.

18 Eine einzelne Glocke in der Nordost-Ecke des Klosters.

19 Die Moschee, Anfang des 12. Jh. erbaut, mit dem Minarett. Damit ist auch der Islam im Kloster vertreten.

20 Vater Dionysios vor der Stelle, wo Gott Moses in Form eines brennenden Dornbusches erschienen ist.

21 Vater Jeremias geht nach dem Gottesdienst in seine Zelle zurück.

22 Eine Nachtaufnahme, aufgenommen vom Dach des Gästetraktes. Das spärliche Licht stammt vom klostereigenen Generator, der um 22 Uhr abgestellt wird. Danach ist man auf Petroleumlampen in den Zimmern angewiesen.

23, 24 Zwei Details eines massiven Kirchenstuhls, aus Hartholz geschnitzt. Eine Arbeit des Prokopius, Mönch von Caesarea und Sinai, 1784.
Links: Eine nymphenartige Frauenfigur unterhalb des Sitzbrettes, rechts ein Stuhlbein-Abschluß in Form eines löwenartigen Fabeltieres.

25 Detail des Hauptportals der Kirche. Es ist reich verziert mit Schnitzereien in Zypressenholz. Die Türe wurde zusammen mit dem Narthex (Vorhalle) zur Zeit der Fatimiden gebaut, 10.–12. Jahrhundert.

26 Das großartige, reich mit Schnitzereien verzierte innere Hauptportal aus der Gründungszeit des Klosters im 6. Jahrhundert führt aus dem Narthex direkt in die Basilika. Das Portal ist 3,63 m hoch und 2,40 m breit, aus Zypressenholz gearbeitet.

23

24

25

26

27

28

27 Im Vordergrund,
von unten gesehen, ein
großer Kerzenleuch-
ter, darüber die ge-
schnitzten Balken des
Dachstuhls, 6. Jh. Die
grünen Bretter mit den
Sternmotiven wurden
erst im 18. Jh. einge-
setzt.

28 Die vergoldete
Ikonostase vor dem
Altar. Sie stammt aus
Kreta und wurde 1612
unter Erzbischof
Laurentios gebaut.

29 Das über 10 Meter
hohe Aluminiumge-
rüst, das uns ermög-
lichte, die Dachbalken
sowie das Mosaik in
allen Details zu foto-
grafieren.

30 Der Blick ins Mit-
telschiff der Basilika
mit vielen, von der
Decke herabhängen-
den Leuchtern und
Straußeneiern.

31

32

33

31–33 Drei Details
der reich verzierten
Dachbalken aus justi-
nianischer Zeit mit
Tier- und Pflanzen-
motiven.

34 Zwei Inschriften
im Dachgebälk ermög-
lichen eine genaue
Datierung des Baus:
»Zum Heile unseres
frommen Kaisers
Justinian« und »Zum
Gedenken und zur
Ruhe unserer verstor-

benen Kaiserin«. Kai-
serin Theodora starb
im Jahre 548, Kaiser
Justinian 565, die
Kirche muß innerhalb
dieses Zeitraums
erbaut worden sein.

35 Die interessante
Konstruktion des
Dachstuhls, ursprüng-
lich offen und von
unten sichtbar.

35

36 Blick von oben in die Kirche. Der Boden aus Marmor und Porphyr stammt aus der Zeit des Erzbischofs Athanasios (1714), der Originalboden wurde Mitte des 16. Jahrhunderts von Arabern zerstört, die in der Kirche nach verborgenen Schätzen suchten.

37 Der Hauptaltar. Einlegearbeit aus Perlmutt aus der Zeit des Erzbischofs Ioannikios vom Peleponnes, 1675. Ein Werk des Stamatios von Athen.

38 Die Kapelle des Brennenden Dornbusches, der heiligste Ort im ganzen Kloster. Vor Betreten müssen die Besucher die Schuhe ausziehen, wie einst Moses. Auf dem Boden befinden sich kostbare Teppiche, an den Wänden hängen zahlreiche Ikonen. Die Fliesen an den Wänden und in der Apsis des Altars stammen aus Damaskus und sind mit Fayence-Mustern verziert. Unter dem Altar befindet sich eine Silberplatte mit einer Inschrift aus dem Jahre 1696.

39 Der Sarkophag der heiligen Katharina unter einem Baldachin aus Marmor. Hier werden die Reliquien aufbewahrt. Zwei reich ziselierte Silberkästchen enthalten den Schädel und eine ringgeschmückte Hand der heiligen Katharina. Silberne Öllämpchen leuchten Tag und Nacht über diesem Sarkophag.

George Forsyth

Das Katharinenkloster auf dem Sinai: Kirche und Festung Justinians

Das Katharinenkloster verdankt seine Existenz weitgehend seiner Lage im Süden der Sinaihalbinsel mitten im kahlen, zerklüfteten Granitgebirge, das ein fast unüberwindliches Hindernis zwischen Afrika und Asien bildet. Wie die altägyptische Thebais war es ein sicherer Zufluchtsort für die Einsiedler, welche die mönchische Tradition der Halbinsel begründeten. Zugleich boten die unwegsamen, düsteren Schluchten aber auch Unterschlupf für ganz andere Vorhaben. Jahrtausendelang benützten arabische Wüstenstämme das Sinaigebirge als Versteck und drangen von hier aus in Palästina ein. Deshalb wurde das Kloster wie eine Festung angelegt.

Das Kloster liegt im Wadi ed-Deir (»Tal des Klosters«) am Fuße des Sinai. Nach Westen verbreitert sich das Tal zu der Ebene El-Raha, wo die Israeliten lagerten, während Moses auf dem Berggipfel mit Gott sprach. Es ist nicht ganz gesichert, ob dies wirklich der Berg der Gesetzgebung Jahwes ist. Nachdem sich die Israeliten in Palästina niedergelassen hatten, verloren sie jegliche Spur ihres Auszugs aus Ägypten. Seit dem 4. Jahrhundert gilt jedoch allgemein der Dschebel Musa (»Mosesberg«) als der wahre heilige Berg. Das Kloster steht an der Stelle, die als Ort des Brennenden Dornbuschs verehrt wurde. Gegen Ende des 4. Jahrhunderts kam Etheria auf ihren Reisen auch hierher. Ihr Tagebuch, *Peregrinatio*, ist erhalten geblieben und bietet eine Fülle von Aufschlüssen über Jerusalem und andere Stätten im Heiligen Land und im Nahen Osten. Sie beschreibt darin in allen Einzelheiten den Aufstieg zum Sinai vom Bergrücken her, wo sie die Nacht verbrachte, und den Abstieg auf der östlichen Seite. Ihr Weg führte sie zu der Kirche beim

1

2–5

49

48

Brennenden Dornbusch, der, wie sie schreibt, »bis zum heutigen Tage lebt und Schößlinge treibt«. Einsiedler boten ihr und ihrer Reisegesellschaft Unterkunft.[1]

Obgleich das Kloster Justinians erst 150 Jahre später erbaut wurde, war es in seinen Grundzügen schon festgelegt: sein Standort am Brennenden Dornbusch, den die Eremiten pflegten, die sich um die Kirche kümmerten und Pilger beherbergten. Der bauliche Plan war im wesentlichen vollständig, nur eines fehlte noch: die Verteidigungsanlagen zu seinem Schutz.

Verschiedenen Berichten zufolge wurden die Eremiten am Sinai, bei denen Etheria freundlich aufgenommen wurde, kurz danach von wilden Stämmen überfallen und verfolgt. Diese Überlieferung ist nicht zuverlässig und erscheint weitgehend erfunden; sie könnte aber durchaus auf die rastlosen Streifzüge von Völkerschaften entlang der Ostgebiete des spätrömischen Reiches zurückgehen. Unter Justinian und seinen Vorgängern wurde gegen diese Bedrohung ein ausgedehntes Verteidigungssystem errichtet. Es erstreckte sich von Armenien bis an die ägyptische Grenze und diente im nördlichen Teil zum Schutz vor den gefürchteten persischen Sassaniden und im südlichen Teil zur Abwehr der dreisten Überfälle der Wüstenvölker.

2–4   Das heutige befestigte Kloster am Fuß des Sinai wurde von Justinian wahrscheinlich als Bestandteil dieses Verteidigungssystems erbaut. Nach einem späteren Bericht errichtete er es lediglich zum Schutz der Mönche, aber der byzantinische Geschichtsschreiber Prokop von Caesarea sagt in seiner um diese Zeit entstandenen Schrift über die Bautätigkeit Kaiser Justinians, *De aedificiis*, die Festung habe in erster Linie dem Zweck gedient, die Überraschungsangriffe der aus dieser unbewohnten Gegend hervorbrechenden Sarazenen auf Palästina zu verhindern. Über die Klostergründung schreibt Prokop:

»Kaiser Justinian baute die Kirche nicht auf dem Gipfel des Berges, sondern viel weiter unten. Es ist nämlich dem Menschen nicht möglich, die Nacht auf dem Gipfel zu verbringen, da ständig Donnerschläge und andere furchterregende Beweise der göttlichen Macht, die Leib und Seele des Menschen in Schrecken versetzen, nachts dort zu hören sind. Wie es heißt, soll Moses an jenem Ort von Gott die Gesetze empfangen und sie seinem Volk verkündet haben. Am Fuß des Berges errichtete der Kaiser eine sehr starke Festung und besetzte sie mit einer großen Truppengarnison, damit die barbarischen Sarazenen von jenem Gebiet aus, das, wie ich schon sagte, unbewohnt ist, nicht unbemerkt in das eigentliche Palästina einfallen konnten.«[2]

Für sich genommen, ist Prokops Bericht nicht ganz eindeutig. Er spricht von der Kirche, dann von dem Berg, auf dem Moses von Gott die Gesetze empfing, und schließlich von der Festung am Fuß des Berges. Aus dieser Beschreibung könnte man schließen, daß Kirche und Festung, da sie getrennt erwähnt werden, voneinander entfernt waren. Zum Glück weist die von Festungsmauern umgebene Kirche ihre eigene Dokumentation auf in Form einer Inschrift Justinians an einem Träger des Dachstuhls. In der näheren Umgebung gibt es keine weitere Festung. Prokop meint also zweifellos die befestigte Kirche.

Merkwürdigerweise übergeht Prokop den Brennenden Dornbusch und die Pilger; er betont sogar die Einsamkeit der Mönche, die ihnen »sehr kostbar« sei. In Prokops Schilderung liegt der Nachdruck auf den Mönchen und den Sarazenen; Justinians Gründung hätte demnach mönchischen und militärischen Zielen gedient. Aus der Anlage der Klosterkirche geht jedoch hervor, daß sie als Wallfahrtsort gedacht war. Das Heiligtum lag im Freien; zweifellos war es ein Busch wie zu Etherias Zeit. Man erkennt dies am östlichen Abschluß der Kirche. Hinter der Hauptapsis, die nach außen nicht vorspringt, befindet sich heute die Kapelle des Brennenden Dornbuschs, die diesen Namen trägt, weil der Altar darin auf der Steinplatte steht, die den Standort des Dornbuschs bezeichnet. Man betritt die Kapelle durch Türen von den beiden Nebenkapellen am Ende der Seitenschiffe; diese Kapellen ragen weit über den östlichen Abschluß der Hauptapsis hinaus. Der Zusammenhang zwischen den drei Kapellen ist auf dem Grundriß (S. 53) deutlich

51

sichtbar. Von außen gesehen grenzt das niedrige Flachdach der Kapelle des Brennenden Dornbuschs zwischen den Kuppeldächern der beiden benachbarten Kapellen an die Außenmauer der Hauptapsis an. Die Kuppeln sind modern.

13
    Ursprünglich gab es keine Dornbuschkapelle, sondern am Fuß der Hauptapsis einen kleinen offenen Hof, einer unbedachten Nische ähnlich, der durch zwei Türen von den Nebenkapellen her zugänglich war. In diesem Hof stand der Dornbusch.

    Die heutige Dornbuschkapelle ist eindeutig späteren Datums als die Kirche, denn sie reicht nach Osten über die Seitenkapellen hinaus. Der Grundriß gibt darüber klare Auskunft. Wann der Dornbusch der Kapelle weichen mußte, ist nicht bekannt; es muß aber vor 1216 gewesen sein. In diesem Jahr besuchte Magister Thietmar, ein deutscher Pilger, den Sinai. »In einer Kapelle dieses Klosters ist auch die Stelle, an der der Dornbusch stand, der von jedermann verehrt wurde, von den Sarazenen ebensosehr wie von den Christen … Der Dornbusch wurde weggenommen und in Form von Reliquien unter den Christen verteilt.«[3]

    Obwohl Prokop die Festung als »sehr stark« bezeichnet, zeigt sie sich nicht so uneinnehmbar, wie man nach seinen Worten schließen könnte. Sie stand am Fuß eines Abhangs, und Bogenschützen hätten von den umliegenden Höhen her ihre Mauern beschießen können. Ihre ungeschützte Lage wurde zwar vom Standort des Brennenden Dornbuschs in der Nähe des Talgrunds bestimmt, aber es ist trotzdem verwunderlich, daß die für ihre Kunst im Festungsbau und Belagerungswerk berühmten byzantinischen Militärbaumeister sich damit begnügten, die Festung mit einer Mauer ohne starke Seitentürme zu umgeben. Die Türme an der unteren, nordöstlichen Seite sind verhältnismäßig neu; die ursprünglichen Türme an der oberen, südwestlichen Seite sind zu kurz, als daß sie ein Flankenfeuer am Festungswall entlang ermöglicht hätten, doch anfänglich waren sie höher, so daß sie zur Sicherung des Wehrgangs dienten. Wahrscheinlich reichte eine solche Befestigung aus, um die Wüstenstämme abzuschrecken. Prokop erklärt denn auch die beschei-

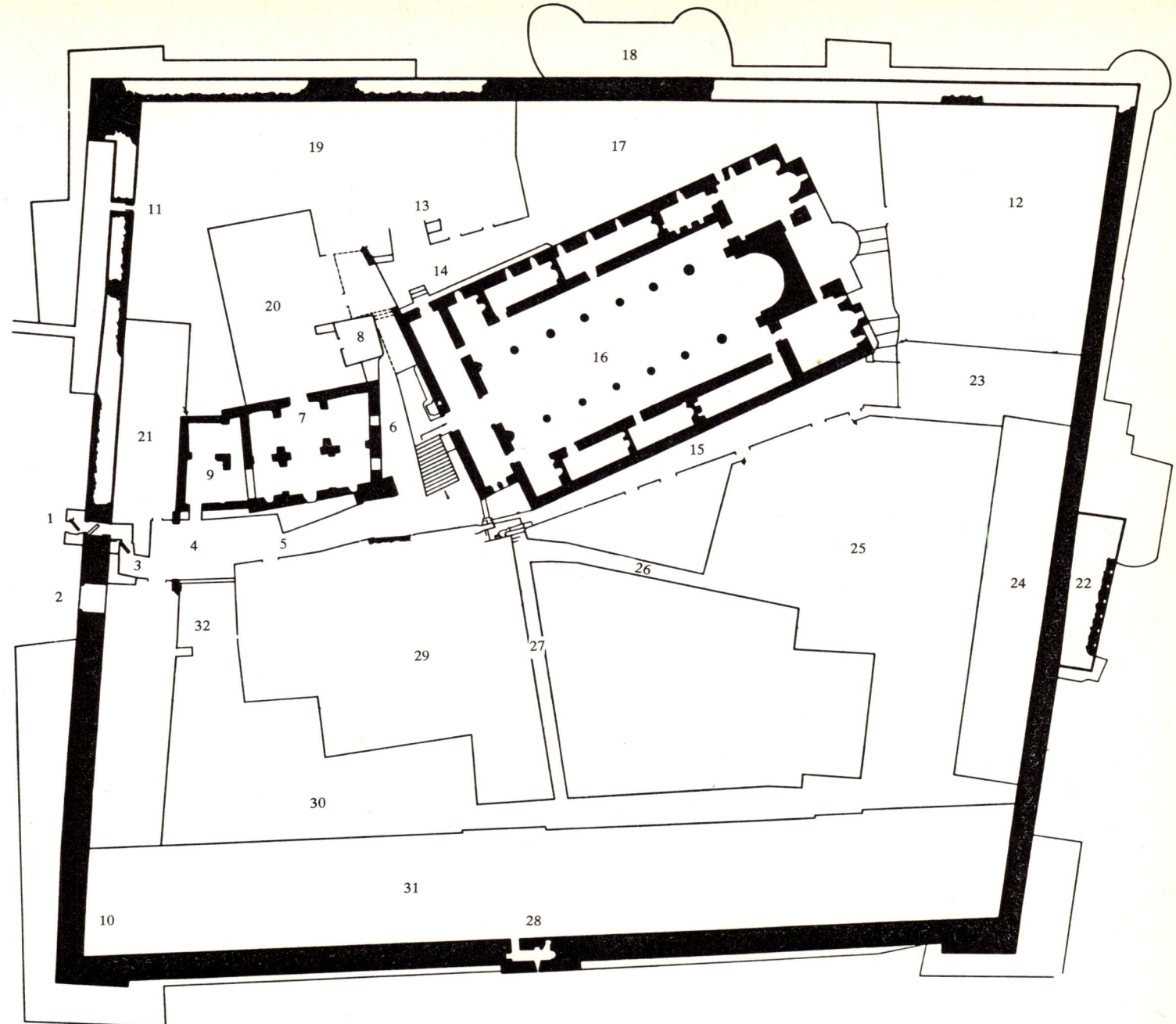

1 Vorbau (original, Seitentür)
2 Ursprüngliches Portal (zugemauert)
3 Eingang (unter dem Gästeflügel)
4 Hof
5 Gewölbegang (aus dem Mittelalter)
6 Hof und Stufen, die zur Kirche hinunter-
führen
7 Moschee (umgebautes Gästehaus aus dem
6. Jahrhundert)
8 Minarett
9 Vorratsraum (Vorraum aus dem 6. Jahrhundert)
10 Gewölbebogen im Fundament an der
Westecke (6. Jahrhundert)
11 Regenwassergraben (6. Jahrhundert) in
nordwestlicher Richtung unter der Straße
hindurch zum Garten

12 Heutige Küche und Versorgungsbereiche
in der Ostecke (über der Küche aus dem
6. Jahrhundert)
13 Mosesbrunnen
14 Offener Durchgang unten
15 Offener Durchgang oben
16 Kirche
17 Hof
18 Kléber-Turm (frühes 19. Jahrhundert)
19 Heutige Wohnungen und Empfangsraum
der Klostervorsteher in der Nordecke
20 Terrasse (auf Bögen aus dem 6. Jahrhundert)
21 Gästeflügel (19. Jahrhundert)
22 Einstiger Latrinenturm in der südöstlichen
Mauer

23 Heutiges Refektorium (aus dem Mittelalter)
24 Heutige Wohnungen der Mönche (an der
südöstlichen Mauer), durch Veranden
verbunden
25 Hof über der heutigen Bäckerei
26 Unterirdischer Gang unter 29
27 Unterirdischer Gang unter 29
28 Kapelle (6. Jahrhundert) in der südwestlichen Mauer
29 Bauten verschiedener Bestimmung und
Datierung (nach dem 6. Jahrhundert)
30 Hof (in der Mitte Brunnen)
31 Modernes Gebäude an der Mauer aus dem
6. Jahrhundert
32 Von 4 aufsteigende Rampe

dene Umwallung damit, daß »die Sarazenen von Natur aus unfähig sind, eine Mauer zu stürmen, so daß die schwächste Verschanzung, die vielleicht aus nichts anderem als Lehm aufgeworfen ist, zur Abwehr ihres Ansturms genügt«.[4]

Der ursprüngliche Außenwall läßt sich trotz späterer Änderungen und Aufbauten in seinem ganzen Ausmaß verfolgen. Auf drei Seiten erhebt er sich heute noch eindrucksvoll in seiner einstigen Höhe. An vielen Stellen ist die Brustwehr mit ihren Zinnen unversehrt. In der Mitte der Südostmauer steht der Latrinenturm, der in späteren Zeiten weitgehend umgebaut wurde.

Große Schwierigkeiten bereitete dem Baumeister offensichtlich der Standort des Brennenden Dornbuschs, der als heilige Stätte nicht verlegt werden konnte. Da er sich nur wenig hügelaufwärts vom Ausläufer des gesamten Tals entfernt befand, wo es manchmal zu plötzlichen Überschwemmungen kommt, konnte das Festungsviereck nicht um den Brennenden Dornbusch als Mittelpunkt angelegt werden, wie es sich von der Bedeutung der Stätte her angeboten hätte, denn sonst wäre der Teil der Befestigung, der in die tiefste Stelle des Tals gereicht hätte, gefährdet gewesen. Um dies zu vermeiden, errichtete der Baumeister die Befestigung so weit hügelaufwärts, wie es nur möglich war, so daß der Grundriß unsymmetrisch ist und der Dornbusch in die am tiefsten gelegene Ecke des Festungsrechtecks einbezogen ist.[5]

Am besten erhalten ist die südwestliche Festungsmauer unterhalb eines großen modernen Bauwerks, das diese ganze Seite des Klosters einnimmt. An verschiedenen Stellen des ursprünglichen Umkreises, besonders an den Ecken, wurden breite Aufschüttungen aus Geröll angelegt. Das geschah in Zeiten, in denen die Festungsmauer vielleicht infolge von Erdbeben zu schwach erschien. Das ganze Mauerwerk besteht aus Granit, dem einzigen in der Umgegend verfügbaren Baumaterial.[6]

Der Haupteingang zum Klosterbezirk lag in der Nordwestmauer. Es war ein mächtiges Portal, das heute zugemauert ist. Links davon befindet sich der heutige Eingang, eine niedrige Seitentür mit einem Vorbau aus

54

dem 18. Jahrhundert. Das Portal war von einem flachen Bogen mit Rundverzierungen an beiden Seiten überwölbt und besaß wahrscheinlich eine massive Tür. Sicher wurde es für festliche Einzüge bei wichtigen Anlässen geöffnet, während die unscheinbare Seitentür dem täglichen Gebrauch diente.

Der Weg, auf dem der Pilger zum Brennenden Dornbusch gelangt, ist durch die architektonische Anlage selbst vorgezeichnet. Er führt zur Kirche, durch ein Seitenschiff in den einstigen Hof des Brennenden Dornbuschs, die heutige Dornbuschkapelle, und zurück durch das andere Seitenschiff, so daß sich innerhalb der Kirche ein U-förmiger Rundgang entlang der Apsis an der Ostwand ergibt.

Um auf diese letzte Strecke der Wallfahrt zu gelangen, trat der Pilger durch das Hauptportal oder die Seitentür in den Klosterbezirk ein und schritt durch eine Vorhalle in einen offenen Gang. Dieser führte zu einem einfachen, gewölbten Torbau mit dem Blick auf eine Ecke der Kirche, die sein Ziel war.

Nördlich des offenen Gangs befand sich das Gästehaus, ursprünglich ein zweigeschossiger, länglicher Bau, den man von Westen her durch einen eingeschossigen Vorbau betrat. Erstaunlicherweise wurde dieses Gebäude im 11. Jahrhundert in eine Moschee umgewandelt. Die erforderliche Höhe wurde dadurch erreicht, daß man die Geschoßdecke entfernte. Nischen wurden in die Südmauer eingefügt, um die Richtung nach Mekka anzuzeigen. Vielfach wurde angenommen, der Bau sei als Moschee errichtet worden, aber wir haben genügend architektonische Beweise für sein Entstehen im 6. Jahrhundert und für seine ursprüngliche Form und Verwendung vor dem Umbau. Man sieht noch Reste der Türen, die einst die Räume im Obergeschoß verbanden, und Spuren des Fußbodens. Zwei Türen, die heute zugemauert sind, führten von diesem Gästehaus in den kleinen dreieckigen Vorhof der Kirche. Ob die Moschee eingerichtet wurde, um das Kloster vor dem Zugriff eines mohammedanischen Feldherrn zu schützen, wie die Überlieferung berichtet, sei dahingestellt; bemerkenswert ist jedenfalls, daß eine

19

Moschee durch den Umbau eines so wichtigen Gebäudes wie der Herberge geschaffen wurde, und zwar offensichtlich in großer Eile, wie aus der sehr mittelmäßigen Konstruktion des Minaretts hervorgeht. Die Moschee (nicht das Minarett) dient heute noch den mohammedanischen Gästen und den Beduinen, die im Kloster beschäftigt sind.

Hinter dem Hauptportal rechts war wohl ein offener Platz als Hof ausgespart und unbebaut geblieben; wenigstens finden sich in diesem Bereich keine Spuren früherer Bebauung. Als Wallfahrtsort war das Kloster teilweise auch Karawanserei, und es ist durchaus denkbar, daß innerhalb der schützenden Mauern ein freier Sammelplatz für die ankommenden und scheidenden Pilgerscharen vorgesehen war.

Wenn der Besucher vom Klosterportal durch den Gewölbegang auf die Kirchenfassade zuschreitet, stellt er überrascht fest, daß die Kirche tief in den Boden eingesunken zu sein scheint. Da der gewachsene Fels stellenweise zutage tritt, kann dies nicht von einer späteren Erhöhung des Bodenniveaus herrühren. Ursache ist vielmehr, daß der Brennende Dornbusch am tiefstgelegenen Ort des ganzen Klosterbezirks stand und daß deshalb der Fußboden der angrenzenden Kirche etwa auf diesem Niveau angelegt werden mußte, gut vier Meter unter der Bodenhöhe des Klosterportals und des zur Kirche leitenden Gangs. Treppen führen zur Kirchentür hinunter. Die Stufen sind verhältnismäßig modern, gleichen aber wahrscheinlich der ursprünglichen Treppe.

Um den Eindruck, die Kirche sei eingesunken, möglichst zu verwischen, wurde die Fassade erhöht. Die Höhe der Kirche ist überdurchschnittlich groß, die Giebel wurden ungewöhnlich hochgezogen, so daß sie über den Dachfirst hinausragen. Der dreigeschossige Campanile wurde vor hundert Jahren von Rußland gestiftet.

Links von der Treppe, die zur Kirche hinunterführt, steht die Moscheewand mit den zwei zugemauerten Türen, die sich einst zur Kirche hin öffneten, als die Moschee noch Gästehaus war.

Unten an der Treppe wendet sich der Besucher nach rechts und betritt den Narthex und durch die große Innentür das Mittelschiff. Das

13

26, 30

56

hohe Mittelschiff erinnert an viele romanische Kirchen. Der Blick wird von Kronleuchtern und einer riesigen Ikonostase aus dem 17. Jahrhundert verstellt; ursprünglich waren die Mosaiken über dem Altar durch die ganze Länge des Mittelschiffs zu sehen.

Der hölzerne Dachstuhl des Mittelschiffs ruht auf dreizehn Holzträgern. Auf vielerlei Weise, auch durch den C 14-Test, ist eindeutig erwiesen, daß dieses starke Tragwerk seit Justinians Zeit unverändert geblieben ist. Es ist Jahrhunderte älter als vergleichbare Holzdecken an anderen Orten. Seit dem 14. Jahrhundert bis heute trägt es ein bleiverkleidetes Dach; höchstwahrscheinlich handelte es sich auch schon im 6. Jahrhundert um ein Bleidach.[7] Der hölzerne Dachstuhl war ursprünglich von unten sichtbar. Im 18. Jahrhundert wurden jedoch Holzpaneele zwischen den waagerechten Trägern eingefügt, so daß über dem Mittelschiff eine Flachdecke entstanden ist. Die Paneele stoßen bündig an die Unterseiten der Träger; drei Inschriften an den Seitenflächen von drei Trägern sind deshalb heute nicht mehr, wie einst, vom Kirchenschiff aus lesbar. Die Inschriften erwähnen Kaiser Justinian, Kaiserin Theodora und den Baumeister der Kirche, Stephanos von Aila.[8] Aus der ersten geht hervor, daß Justinian noch am Leben war, aus der zweiten, daß Theodora schon gestorben war; die Kirche muß deshalb zwischen 548 und 565 in Auftrag gegeben worden sein. Da Prokop seine Schrift *De aedificiis* wahrscheinlich um 560 veröffentlichte, verringert sich die Zeitspanne auf zwölf Jahre. Es ist selten, daß eine so gut erhaltene Kirche signiert und datiert ist.

Glücklicherweise wurden die Paneele später nicht unter, sondern zwischen den waagerechten Trägern angebracht und lassen deshalb die Unterseiten der Träger frei, auf denen geschnitzte florale Ornamente und Landtiere, Seetiere und Flußszenen aus dem 6. Jahrhundert noch zu erkennen sind. Später wurden sie mit Gold und Rot bemalt; da die Farbe stellenweise abgeblättert ist, steht fest, daß es sich um Schnitzereien handelt. Diese bemerkenswerten Zyklen erhaben gearbeiteter Holzreliefs sind realistisch und außerordentlich schwungvoll ausgeführt.

28

31–34

13

35

27,29

34

31–33

Der zweite Träger, vom Eingang her gesehen, zeigt eine Nilszene. In der Mitte steht wie auf allen Trägern ein Kreuz; hier ist es flankiert von Tritonen, die Kreuze tragen. Rechts und links sieht man Flußtiere, Flußpflanzen und zwei Boote, von denen eines von zwei Ruderern, wahrscheinlich Eroten, kraftvoll vorangetrieben wird, während das andere Segel gesetzt hat. Auf einem weiteren Träger erkennt man einen lebendig gestalteten Fries mit Tieren, darunter Kamel und Elefant. Es finden sich auch belebte Szenen mit beutejagenden Raubtieren und Wasserlebewesen. Der östliche Träger schließlich weist in der Mitte ein Kreuz mit einander gegenüberstehenden Pfauen sowie zwei Stiere, ein Kaninchen und eine Gazelle auf. Derart weltliche Motive mögen der Heiligkeit einer Kirche unangemessen erscheinen; vielleicht sollten sie aber eine ernste bildliche Aussage übermitteln. Man kann sie mit zeitgenössischen Bodenmosaiken vergleichen, beispielsweise mit der *mappa mundi*, die in einer Kirche aus jener Epoche entdeckt wurde und die irdische Szenen abbildet. In der begleitenden Inschrift heißt es, sie »schildere alles, was da kreucht und fleucht, mit den gelungenen Bildern der Kunst«.[9] Diese Beschreibung würde auch auf die Holzschnitzereien an den Trägern passen, die vom hohen künstlerischen Stand und von der Vielfalt der frühbyzantinischen Kunst zeugen.

Die große, ebenfalls reich geschnitzte Eingangstür zum Mittelschiff beweist dieselbe Kunstfertigkeit wie die Gebälkschnitzereien. Wie an den Trägern findet sich auch hier – am Sturz – eine Inschrift, und die Außen- und Innenflächen sind mit erhaben geschnitzten Tieren, Vögeln und Blütenornamenten geschmückt. So sehen wir hier unter anderem einen Adler, eine schöne Gazelle und einen Hahn mit prachtvoll gespreiztem Gefieder. Aus paläographischen und stilistischen Ähnlichkeiten geht eindeutig hervor, daß diese Schnitzereien aus derselben Zeit stammen wie diejenigen an den Trägern. Eine solche Tür mit ihren vier Flügeln stellt in geöffnetem Zustand eine wunderbare Einstimmung zum Betreten der hohen Kirche und der dahinter befindlichen heiligen Stätte, an der Gott dem Menschen erschienen ist, dar.

26

Im Kircheninnern wird man sich auch der Seitenschiffe bewußt. Im 6. Jahrhundert durften die gewöhnlichen Laienbrüder und Wallfahrer wohl kaum durch die Mitteltür eintreten. Damals ließ man die Pilger unmittelbar vom Narthex durch die beiden dafür vorgesehenen Nebentüren in die Seitenschiffe ein, und sie wurden so zum Brennenden Dornbusch geleitet.

Wahrscheinlich war die Haupttür den Mönchen selbst, und zu besonderen Anlässen den hochgestellten Gästen, vorbehalten, öffnete sie sich doch zum Mittelschiff und teilte damit die Ehrwürdigkeit dieses zentralen Raums. Die orthodoxe Kirche behandelt das Mittelschiff einer Basilika als westliche Fortsetzung des Bereichs, in dem die liturgischen Gottesdienste stattfinden. Wir haben durch die architektonische Anlage und einige Dokumente genügend Beweise dafür, daß dies mindestens bis ins 6. Jahrhundert zurück schon so war.[10] Für die heutigen Gottesdienste in der Sinai-Kirche gilt es ganz zweifellos.

Heute ist es keinem Laien mehr verboten, das Mittelschiff durch die große Westtür zu betreten, doch ursprünglich war es, wie gesagt, wahrscheinlich anders.

Folgen wir also dem gewöhnlichen Wallfahrer vom Narthex durch die kleine Tür links neben der großen Mitteltür ins Kircheninnere. Vor ihm erstreckt sich das nördliche Seitenschiff, rechts befinden sich die Arkaden des Mittelschiffs, links führen Türen zu den Kapellen. Vorn befindet sich ein Durchgang in der Ikonostase aus dem 18. Jahrhundert und dahinter eine monumentale Bronzetür. Sie war ein wichtiger Teil in der baulichen Anordnung des 6. Jahrhunderts, denn ihre Flügel öffneten sich zur Eckkapelle und von dort zum Hof des Brennenden Dornbuschs.

Der Wallfahrer betritt vielleicht eine der Kapellen, zum Beispiel die Kapelle des heiligen Konstantin und der heiligen Helena. Anstelle der ursprünglichen flachen Holzdecke finden wir heute ein Tonnengewölbe aus Bruchstein. Die östliche Kapellenwand bildet in der Mitte eine große und links daneben eine kleinere Nische. Es besteht kein Zweifel daran, daß diese und die anderen Kapellen zu beiden Seiten der Kirche

Bestandteil der ursprünglichen Anlage sind, aber ihre große Zahl und ihre ausgewogene Anordnung, als bildeten sie jeweils ein zusätzliches Seitenschiff, sind für jene Zeit außergewöhnlich. Üblicherweise besitzt eine frühbyzantinische Kirche nur einen Hauptaltar und höchstens drei Kapellen, die oft asymmetrisch angelegt sind. Die Konzeption in der Sinai-Kirche erinnert an spätere Klosterkirchen des Westens, in denen mehrere Altäre entlang der Seitenschiffe in wohlüberlegter Ordnung aufgestellt wurden.

Häufig wurden Justinians Kirchen mit marmornen Kapitellen und anderen Verzierungen ausgestattet, die in einem der kaiserlichen Marmorsteinbrüche hergestellt wurden.[11] Einige kleinere Stücke finden sich auch hier, aber offensichtlich wurden die großen, fast einen Meter hohen Kapitelle im Mittelschiff aus einheimischem Granit gehauen, dem einzigen Baustein in der Umgegend. Ihre Ausführung ist sehr unterschiedlich; manche sind, da der Granit schwer zu bearbeiten ist, grobflächig und kraftvoll und erinnern an den frühromanischen Stil.

Der Wallfahrer schreitet durch das nördliche Seitenschiff und durch die Öffnung in der Ikonostase. Zu seiner Rechten erblickt er nun den Altarraum mit dem Hochaltar. Eine Marmorplatte im Vordergrund stellt in Flachrelief zwei einander gegenüberstehende Hirsche zu beiden Seiten eines Kreuzes dar. Wie schon erwähnt, wurde die Platte wahrscheinlich in einem der kaiserlichen Marmorbrüche geschnitten und hierhergebracht, um in die ursprüngliche Chorschranke eingefügt zu werden. In der Mitte des Altarraums steht noch der ursprüngliche marmorne Altartisch, eine gewaltige, auf sechs Säulchen ruhende Platte. Im 18. Jahrhundert wurde der Altar mit einem intarsienverzierten Gehäuse umgeben. Auf der anderen Seite des Altarraums befindet sich das Grabmal der heiligen Katharina. Es besteht teilweise aus wiederverwendeten Marmorteilen, darunter einer weiteren Chorschrankenplatte, einem kleinen Kapitell und einem Säulchen. Diese Bruchstücke stammen vielleicht von einer Chorschranke, die zeitgenössischen Lettnern an anderen Orten ähnlich war. Der Altarraum beanspruchte wohl nur das

37
39

60

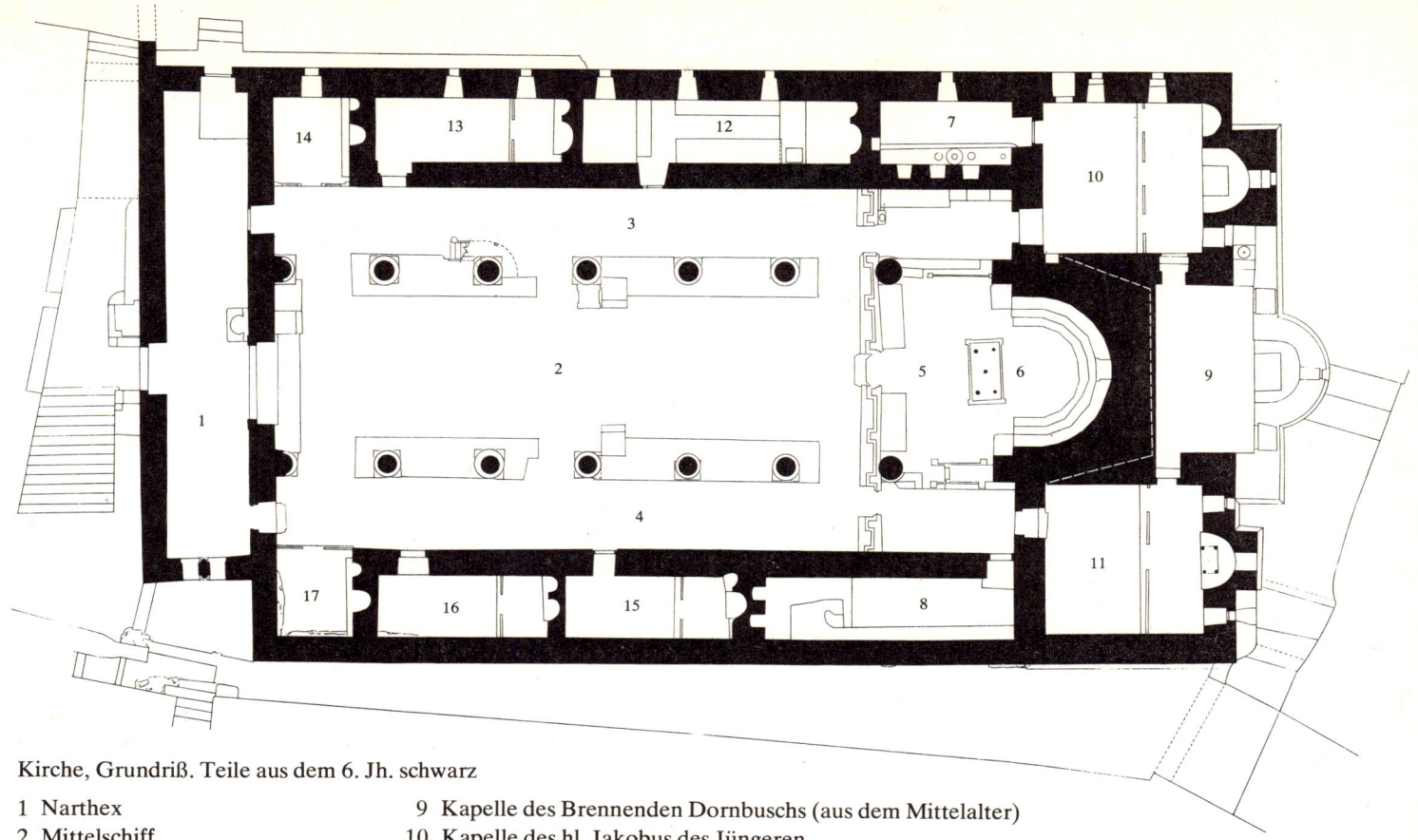

Kirche, Grundriß. Teile aus dem 6. Jh. schwarz

1 Narthex	9 Kapelle des Brennenden Dornbuschs (aus dem Mittelalter)
2 Mittelschiff	10 Kapelle des hl. Jakobus des Jüngeren
3 Nördliches Seitenschiff	11 Kapelle der hl. Väter (Johannes des Täufers?)
4 Südliches Seitenschiff	12 Kapelle des hl. Antipas
5 Altarraum	13 Kapelle des hl. Konstantin und der hl. Helena
6 Apsis	14 Kapelle der hl. Marina
7 Sakristei	15 Kapelle der hl. Anna und des hl. Joachim
8 Schatzkammer	16 Kapelle des hl. Symeon Stylites
	17 Kapelle des hl. Kosmas und des hl. Damian

letzte Joch des Mittelschiffs, denn seine zwei Säulen sind erheblich stärker als die übrigen. Darin kommt ihre größere Bedeutung als Begrenzung des Altarraums zum Ausdruck. Die schon im 6. Jahrhundert auftauchenden Querkolonnaden sind Vorläufer der Ikonostase.

Schließlich erblickt man im Apsisgewölbe über dem Altar und auf der Wandfläche über dem Gewölbe die berühmten *Mosaiken,* den größten Schatz des Klosters. Als Mosaiken sind sie ebenso wie die darunter befindliche Marmorverkleidung Teil der Kirchenwand. Ihre formale Anlage kann deshalb im Rahmen des baulichen Entwurfs für den Innenraum der Kirche betrachtet werden. Da sie sich über dem Altarraum und somit im Fluchtpunkt aller Linien des Mittelschiffs befinden, bringen sie zudem das eigenständige Thema dieser Kirche und

119–136

deren beabsichtigte Funktion zum Ausdruck. Die Mosaiken haben also sowohl einen formalen als auch einen funktionellen Zweck.

119 Das Thema ist in erster Linie die Verklärung Christi, wie sie in der Apsis dargestellt ist, daneben Moses auf dem Berg Sinai; im linken oberen Feld seine Berufung beim Brennenden Dornbusch, im rechten 126, 128 oberen Feld der Empfang der Gesetzestafeln. Moses ist das Bindeglied, da er die Verklärung miterlebte und »mit Jesus redete«. Auch der Prophet Elias ist mit dem Sinai verbunden; Elias und Moses stehen im Apsismosaik zur Linken und Rechten Christi.

Die besondere Funktion der Kirche geht also eindeutig aus den Mosaiken hervor. Sie wurde nicht nur zum gewöhnlichen liturgischen Gebrauch für die Mönche errichtet, sondern sollte an die Verklärung Christi erinnern. Die Funktion der Kirche als Gedächtnisstätte ist im östlichen Teil des Mittelschiffs kunstvoll illustriert, dessen Achse den Besucher zwangsläufig dorthin lenkt.

Das Bildthema ist den formalen Erfordernissen des baulichen Rahmens sinnvoll angepaßt. Vom Mittelschiff aus erscheint die Halbkuppel der Apsis wie ein großes Auge mit Christus in der Mandorla als Pupille. Elias und Moses, die links und rechts stehen, die knienden Gestalten von Johannes und Jakobus und der ruhende Petrus unterhalb der Mandorla fügen sich in das bauliche Motiv ein, das in seiner kraftvollen Abstraktheit die Bildbotschaft verstärkt und mit ihr zusammenklingt. Zwei Medaillonbögen begrenzen die Apsis wie ein Fries; in der unteren Reihe sind alttestamentliche, in der oberen neutestamentliche Gestalten abgebildet, so daß auch hier das bauliche Detail und die Bildaussage ineinander übergehen und sich gegenseitig 129–136 hervorheben. Die beiden darüber zu sehenden geflügelten Figuren füllen nicht nur die Bogenzwickel aus, sondern bringen dem Lamm auf dem Medaillon am Schlußstein das Zepter und die Weltkugel dar. Als visueller Übergang zwischen dem Medaillon des Lammes und Christus in der Mandorla steht ein weiteres Medaillon mit dem Kreuz als symboli- schem Bindeglied. Eine derart vollkommene Einheit der einander betonenden didaktischen und baukünstlerischen Absichten ist ein außergewöhnliches Beispiel für die aussagekräftige Form.

Dieselbe Verschmelzung von Form und Inhalt zeigt sich auch in den Details der Mosaiken. Die vereinfachten, absichtlich gerundeten Umrisse von Christi Kopf und Körper haben einen architektonischen Charakter, der ihrem Ort in der gewölbten Halbkuppel der Apsis angemessen ist. Diese Vereinfachung führt ihrerseits das Bild auf seinen wesentlichen Ausdruck zurück und bringt durch die Kraft der Abstraktion eine überwältigende Wirkung transzendenter Majestät hervor.

120

Auch die sonstigen Verzierungen sind beachtenswert. Die Scheiben des Doppelfensters über der Apsis stammen aus nachbyzantinischer Zeit, aber das rahmende Schmuckmosaik ist original. Auf die impressionistische Wiedergabe der Blätter am Kapitell zwischen den Fensteröffnungen sei besonders hingewiesen.

Anschließend führt der Weg den Wallfahrer durch die Bronzetür in die Nordostkapelle, eine der beiden symmetrisch angeordneten Kapellen am östlichen Abschluß der Kirche. Beide Kapellen sind von den Seitenschiffen her durch Bronzetüren zugänglich, beide sind mit Kuppeln überwölbt, die von außen deutlich sichtbar sind. Jenseits der kleinen Ikonostase in der Nordostkapelle führt eine Tür zur Rechten in die Kapelle des Brennenden Dornbuschs. Wie schon erwähnt, war dies früher eine Außentür, die auf einen kleinen Hof hinausging. Dort wuchs der Busch, der als der Brennende Dornbusch Moses' verehrt wurde. Heute tritt man durch die Tür in die Kapelle, die im Mittelalter anstelle des Dornbuschs errichtet wurde; dieser war, wie Thietmar berichtete, »weggenommen und in Form von Reliquien unter den Christen verteilt« worden. Eine Marmorplatte unter dem Altar bezeichnet die Stelle, an der der Busch einst gedieh.

38

Wir sollten noch einmal den Weg überblicken, den die Wallfahrer innerhalb der Kirche genommen haben. Sie wurden durch das eine Seitenschiff geleitet, und nachdem sie den Dornbusch gesehen hatten, zogen sie folgerichtig durch das andere Seitenschiff wieder dem Ausgang zu. Es ergab sich also ein U-förmiger Rundgang um die Rückseite der Hauptapsis herum. Aus dieser untergeordneten Lage des Dornbuschs und aus dem Umweg zu ihm ergibt sich seine zweitrangige Bedeutung. Kernpunkt der Kirche ist die Hauptapsis, die die Achse des Mittelschiffs im Osten abschließt. Wir folgern daraus, daß die Wallfahrt zum Dornbusch zwar berühmt, das klösterliche Anliegen, durch das Mittelschiff vertreten, jedoch noch wichtiger war. Schon durch die Anlage der Kirche kommen Hauptakzente und Rangfolge zum Ausdruck. Für den gewöhnlichen Pilger war der Brennende Dornbusch ein Wunder, das er mit ehrfürchtigem Staunen betrachtete. Dann zog er seines Weges, und sein Glaube war durch einen so greifbaren Zeugen von Gottes Allmacht gestärkt. Für die Mönche in ihrem Kirchenschiff war der Brennende Dornbusch jedoch offensichtlich nur ein zufällig dort befindliches Erinnerungszeichen an Gottes Heilsplan, der in den Mosaiken über ihrem Hauptaltar so eindrucksvoll und einleuchtend geschildert wurde. Der Dornbusch und die Mosaiken sind nur durch eine Wand – die Ostwand der Hauptapsis – getrennt, aber der Idee nach stehen sie weit voneinander entfernt.[12]

Noch viele weitere Bauwerke und Merkmale des Klosters aus dem 6. Jahrhundert sind erhalten, so die kompliziert angelegten Abfluß-gräben und Zisternen, die winzige Kapelle in der massiven südwestlichen Mauer, die ausgedehnten Arkaden unterhalb der Terrassen, die ursprüngliche Küche, der Backofen und der Gewölbekeller zur Aufbewahrung von Lebensmitteln. Sie verdienen Aufmerksamkeit, sind jedoch weniger bedeutend als die Befestigung und die Kirche.

Die Entschlossenheit und das organisatorische Geschick, wie sie sich beim Bau des Katharinenklosters auf dem Sinai entfalteten, sind beredte Zeugen für die disziplinierte Energie und Kraft der östlichen Christenheit unter Justinian. Die rein technische Leistung, dieses kunstvolle Bauwerk in der schaurigen Einöde teils aus dem harten, einheimischen Granit, teils aus unendlich mühsam herbeigeschafften Materialien zu errichten, nötigt uns die größte Hochachtung ab.

40 Der Büßerweg der 3000 Stufen beginnt hinter dem Kloster und führt auf den Horeb (Mosesberg).

42

42 Die kleine Kirche auf der Spitze des Mosesberges. Gebaut aus roten Granitblöcken, die wahrscheinlich von einer viel älteren Kirche stammen, die einst an diesem heiligen Ort stand.

43 Das Tor des heiligen Stephanos, der hier den Pilgern die Beichte abnahm und Wache hielt.

44 Die grandiose Berglandschaft des Sinai. Roter Granit wurde hier von Wind und Wetter viele Jahrtausende hindurch geformt.

45 Eine Stunde vom Kloster entfernt, auf dem Wege nach Arba-In, dem Kloster der vierzig Märtyrer, steht dieser Felsblock mit zwölf Kerben. Hier hat, der Überlieferung nach, Moses mit seinem Stab Wasser aus dem Felsen geschlagen. Die Einschnitte versinnbildlichen die zwölf Stämme der Israeliten.

6

47

46 Die heutige An-
fahrt zum Kloster, im
Vordergrund der
Garten.

47 Zwischen dem
Kloster und der Ebene
El-Raha liegt die
Aaron-Kapelle auf
einem kleinen Hügel.
Hier soll das goldene
Kalb angebetet wor-
den sein.

48 Aussicht von der Kloster-Terrasse, im Vordergrund der Klostergarten. Der Weg führt vorbei an der Aaron-Kapelle zu der Ebene El-Raha, wo das Volk Israel sein Lager hatte.

49 Blick von der Theodora-Kapelle nach Westen. Im Tal liegt das Kloster, das in dieser monumentalen Landschaft klein wie ein Spielzeug aussieht. Links der Fuß des Horeb.

50 Der Aufstieg zum
Katharinen-Berg,
2800 Meter ü. d. M.
Auf schmalen Pfaden
trotten die Kamele
sicher aufwärts. Auf
diesem Berg wurden
die Gebeine der heili-
gen Katharina gefun-
den, nach der das
Kloster benannt ist.

51 Nach einem müh-
samen und heißen
Aufstieg zu Fuß wurde
ich durch diesen
außergewöhnlichen
Anblick des Klosters
aus dem Nordosten
belohnt.

Kurt Weitzmann

Zur Kunst des Katharinenklosters

Wenn der Besucher die große Basilika, das geistige Zentrum des Klosters, betritt, mag er zuerst etwas überrascht sein. Wäre die Kirche noch im ursprünglichen Zustand, so würde seine Aufmerksamkeit unmittelbar auf die Apsis und ihr beherrschendes Mosaik gelenkt. Jetzt ist die Sicht durch die hohe Ikonostase aus dem 17. Jahrhundert mit dem fast zur Decke reichenden, monumentalen bemalten Kruzifix versperrt. Riesige bronzene Leuchter, die im 18. Jahrhundert in Nürnberg geschaffen wurden, behindern zudem den Blick auf die Ikonostase selbst. Die getünchten Wände und die zwölf mit Gips bedeckten Stützsäulen des Mittelschiffs verströmen eine kalte Atmosphäre. Und doch entdeckt das forschende Auge bei näherer Betrachtung, daß von der alten Ausstattung mehr erhalten ist, als man beim ersten Hinsehen vermuten würde.

Angesichts des breiten, fast vier Meter hohen Portals mit den doppelt einklappbaren Türflügeln wird man sich bewußt, daß dies eine der sehr wenigen noch erhaltenen Holztüren aus frühchristlicher Zeit ist. Es ist die originale Tür der Kirche Justinians und die besterhaltene, die wir kennen. Der hervorragende Erhaltungszustand geht teilweise darauf zurück, daß die 28 Paneele kunstvoll in Nuten der Rahmenbalken eingepaßt sind, so daß sie nicht entfernt werden können. Demzufolge ist kein einziges verlorengegangen. Auf vier Paneelen in mittlerer Höhe sieht man Reben, die aus einem Kantharos herausragen; dieses Motiv kann durchaus als Anspielung auf den Abendmahlskelch verstanden werden. Andere Paneele, die beispielsweise Pfauen aufweisen, zeigen bekannte christliche Symbole. Im übrigen sind die Dekors mit Pflanzen und allen möglichen Tieren, sogar einem Affen, noch stark der Tradition der spätklassischen, heidnischen Kunst verhaftet.

81

Vom Eingang aus sieht man an der Decke die großen Paneele

27
jüngeren Datums zwischen den Tragebalken. Als ich aber einmal so hoch
29
auf einem Gerüst stand, daß ich die Decke berühren konnte, bemerkte
ich an den Unterseiten der Holzträger Reliefschnitzereien fast im
gleichen Stil wie an der Tür. Daraus ergibt sich, daß es sich um den
originalen Dachstuhl aus dem 6. Jahrhundert handelt, was völlig einmalig
31–33
ist. Die 13 Träger weisen eine Fülle von Schmuckmotiven auf. Die
Verbindung der klassischen Tradition mit christlichen Symbolen ist hier
noch auffälliger als am Portal. In der Mitte der Träger sehen wir das
christliche Kreuz in einem Kranz, rechts und links davon in einigen
Fällen Pfauen oder Reben, also dieselbe christliche Symbolik wie an der
Tür. An anderen Trägern befinden sich jedoch neben den Kreuzen
Krokodile und die Flora und Fauna der Nillandschaft, darunter Ruderer
in Booten und sogar Seeungeheuer mit menschlichem Oberkörper, die
Kreuzstäbe tragen – eine recht ungewöhnliche Mischung heidnischer und
christlicher Elemente. Vögel, jagende Vierfüßer, Wassertiere und
andere Wesen sind dargestellt. Die moderne goldene und rote Bemalung
könnte durchaus mit daran schuld sein, daß man die Schnitzereien bis
jetzt nicht als einige der wichtigsten Holzskulpturen der frühchristlichen
Zeit erkannte. An den Seitenflächen von drei Trägern befinden sich
34
geschnitzte Inschriften in Riesenbuchstaben, die heute durch die später
angebrachten Paneele verdeckt sind. Einmal entfernten wir zeitweilig
eines der Paneele und konnten vom Fußboden der Kirche aus mit
bloßem Auge leicht die Inschriften in Großbuchstaben lesen. Die erste
bittet um das Seelenheil des frommen Kaisers Justinian, die zweite gilt
dem Gedächtnis der Kaiserin Theodora und der Ruhe ihrer Seele.
Daraus geht eindeutig hervor, daß die Dachkonstruktion der Kirche zu
Justinians Lebenszeit, aber nach Theodoras Tod angebracht wurde, also
zwischen 548 und 565 n. Chr. Dies muß deshalb auch die Entstehungszeit
der Holztür sein. Die dritte, ebenso aufschlußreiche Inschrift erwähnt
einen gewissen Stephanos von Aila als Baumeister der Kirche. Diese
Signatur eines Baumeisters an einem frühchristlichen Bauwerk ist

ziemlich einmalig. Der Herkunftsort des Baumeisters, Aila, ist das heutige Akaba am Südzipfel von Palästina.

Beim Gang durch das Mittelschiff bemerkt man, daß an einer Stelle die Gipsschicht der Säulen abgekratzt ist und der monolithische Granit zum Vorschein kommt. Auch die heute häßlich grün bemalten Kapitelle sind aus Granit. So läßt sich kaum mehr vorstellen, wie mächtig und den Gesamteindruck bestimmend die Granitsäulen mit ihrer warmen Farbe ursprünglich gewirkt haben müssen.

Wir dürfen nicht vergessen, daß am Ende des Mittelschiffs anstelle der hohen hölzernen Ikonostase einst eine marmorne Ikonostase mit niedrigen Altarschranken stand. Zwei der Paneele mit dem häufigen Motiv der das Kreuz auf Golgatha flankierenden Hirsche sind heute noch im Altarraum zu sehen. Höchstwahrscheinlich bestand diese erste Ikonostase aus Marmorpfeilern und einem Marmorarchitrav, war aber noch nicht mit gemalten Ikonen zwischen den Pfeilern versehen. Vielleicht waren Vorhänge vorhanden, die möglicherweise bemalt waren. Jedenfalls war diese Ikonostase verhältnismäßig niedrig und ließ den Blick auf die Apsis und die Mosaiken frei.

Im Altarraum ist das Zentrum natürlich der Altar, der heute auf allen vier Seiten mit einem aus dem 17. Jahrhundert stammenden Intarsienschrein und oben mit einem Intarsienbaldachin versehen ist. Wenn man diesen hölzernen Schrein hinten öffnet, sieht man darin den alten Marmoraltar auf Marmorsäulen. Rechts befindet sich das marmorne Grabmal der heiligen Katharina mit Baldachin. Es wurde im 18. Jahrhundert geschaffen, und man fragt sich unwillkürlich, wie der ursprüngliche Schrein ausgesehen haben mag, nachdem die Reliquien etwa im 10. Jahrhundert von der kleinen Kapelle auf dem Dschebel Katharina ins Kloster verbracht wurden.

Ins Auge fällt die unversehrte Marmorverkleidung im Altarraum. Der Steinmetz hat die Äderung des Marmors bestens genutzt, um symmetrische Muster hervorzubringen. In der Mitte der marmornen Presbyterbank erhebt sich der alte, marmorne Bischofsthron. Heute wird

37

der reich geschnitzte hölzerne Bischofsthron aus dem 18. Jahrhundert im Mittelschiff benützt, während sich auf dem kleinen Marmorthron ein Marmortabernakel für die Hostie befindet.

In der Konche über dieser schönen Marmorverkleidung sehen wir die prächtigsten *Mosaiken* aus frühchristlicher Zeit. Sie schildern die Verklärung Christi auf dem Berg Tabor. Schon der erste Eindruck ist überwältigend wegen der wahrhaft monumentalen Größe der Gestalten und der Klarheit der Komposition. Die Monumentalität beruht vor allem auf einer strengen Symmetrie. In der Mitte befindet sich Christus, frontal gesehen, in einer Aureole mit silbernen Strahlen. Moses und Elias stehen zu beiden Seiten, die drei Jünger Johannes, Jakobus und Petrus, die mit Jesus auf den Berg Tabor gegangen waren, sieht man zu seinen Füßen. Das Thema wurde aus mehreren Gründen gewählt, unter anderem auch wegen seines Zusammenhangs mit der Wiederkunft Christi, wie der Kirchenvater Johannes Chrysostomos in einer Homilie beschreibt: »Danach wird er wiederkommen in der Herrlichkeit des Vaters, nicht nur mit Moses und Elias, sondern mit den himmlischen Heerscharen … nicht mit einer Wolke über seinem Haupt, sondern vom Himmel umgeben.« Ein Hauptanliegen der Orthodoxie ist das Dogma von den zwei Naturen Christi, das auf dem ökumenischen Konzil von Kalchedon 451 verkündet wurde. Was wäre ein besserer Beweis für dieses Dogma als die Verwandlung von der menschlichen in die göttliche und zurück in die menschliche Natur auf dem Berg Tabor vor den Augen der drei anwesenden Apostel?

Um die Verklärung sind als Rahmen die Brustbilder von 16 Propheten und zwölf Aposteln angeordnet, in der Achse unterbrochen von einem Kreuzmedaillon oben und einem Davidbild unten (wieder eine Anspielung auf die Zweinaturenlehre) sowie von zwei charakteristischen Porträts in den Ecken, rechts des energischen Abts Longinus und links des asketischen Johannes Diakonus. Das Mosaik wurde offenbar zur Lebenszeit dieser Männer in Auftrag gegeben und geschaffen. Auf dem Triumphbogen oben sind zwei Engel dargestellt,

die Christus Weltkugel und Zepter reichen. Christus ist hier in frühchristlicher, später aufgegebener, Weise als Lamm Gottes dargestellt.
Auf römischen Triumphbogen reichen die Siegesgöttinnen dem Kaiser 123
dieselben Attribute, und wir erkennen hier erneut, in welchem Ausmaß
die christliche Kunst in ihrem Bilderschatz der klassischen Vergangen-
heit anhing. Unter den fliegenden Engeln befinden sich in Medaillons die
Brustbilder der Jungfrau Maria und Johannes' des Täufers, dessen
Gesicht einer dem tragischen Propheten angemessenen Trauermaske
nachgebildet ist. Die beiden Gestalten sind die Fürsprecher, die
zusammen mit Christus die sog. *Deesis* – Fürbittedreiheit – bilden. Es ist
die früheste Darstellung dieses Themas, das in der späteren byzantinischen Kunst ein zentrales Motiv wurde.

Rechts und links von dem Doppelfenster über der Apsiswölbung
erkennt man Moses, wie er vor dem Brennenden Dornbusch die Schuhe
auszieht und die Gesetze empfängt – nicht in der üblichen Form einer 126,127
Doppeltafel, sondern in Form einer Schriftrolle. Daß diese beiden 128
Mosesszenen geschildert sind, beruht auf einer langen, in jüdische Zeit
zurückreichende Tradition. Über der heute in das Museum von
Damaskus übertragenen Thoranische der aus dem 3. Jahrhundert
stammenden Synagoge von Dura Europos finden sich als Wandmalerei
dieselben beiden Szenen. Zwei weitere Bedeutungsbereiche ergeben sich
aus ihrem Vorhandensein in der Sinaikirche. Der eine ist typologisch:
Jeweils eine Szene aus dem Alten Testament nimmt eine Szene aus dem
Neuen Testament vorweg. Die Mosesszenen sind wie die Verklärung
eine Erscheinung Gottes, nur mit dem Unterschied, daß Moses den
Herrn nicht sehen durfte, während die drei Jünger mit eigenen Augen
Christi Verwandlung von der menschlichen in die göttliche Natur
wahrnahmen. Die andere Bedeutung ist topographisch, denn hinter der
Apsis liegt die Kapelle des Brennenden Dornbuschs, und wenn man
aus dem Fenster blickt, sieht man den Dschebel Musa, den steilen Berg,
auf dem Moses der mönchischen Überlieferung zufolge die
Gesetzestafeln erhielt.

Der Mann, der die Mosaiken entwarf und ausführte, war ein großer Künstler. Man nimmt an, daß er aus Konstantinopel stammte. Souverän bediente er sich verschiedener Ausdrucksweisen. Für Christus wählte er ziemlich abstrakte Züge und unterstrich damit das Göttliche, während die Propheten eher naturalistisch gestaltet sind. Moses ist sehr ruhig, Elias, sehr emotional dargestellt. Dieser Gegensatz wiederholt sich in den Gesichtern des stillen Johannes und des seelenvollen Jakobus und noch einmal beim Antlitz des tragischen Johannes des Täufers und der göttlichen Jungfrau Maria. Im Vergleich zu den fast zeitgenössischen Mosaiken von San Vitale und San Apollinare in Classe in Ravenna wirken die Mosaiken auf dem Sinai mehr wie Malerei und deuten damit auf die Tradition des hellenisierten Ostens. Die Mosaiken in Ravenna sind linearer und wirklichkeitsgetreuer; sie stehen in dieser Beziehung der römischen Tradition näher als der byzantinischen.

Zweifellos arbeitete der Meister der Sinaimosaiken mit weniger geschickten Helfern zusammen, so daß man neben hervorragenden Teilen auch schwache Stellen sieht, aber die Gesamtanlage der Mosaiken weist vollkommene Einheitlichkeit auf und zeugt von großem künstlerischem Können. Höchst bemerkenswert ist, daß die Mosaiken unbeschädigt sind und nie restauriert wurden. Eine solche Glanzzeit wie unter dem großherzigen Gründer Justinian erlebte das Sinaikloster nicht wieder.

Dies zeigte sich bald, als die Mönche etwa hundert Jahre später, wahrscheinlich nach der Besetzung durch die Moslems, beschlossen, die Apsis weiter auszuschmücken. Ob nun kein Platz für Mosaiken mehr vorhanden war oder ob keine Mosaikkünstler verfügbar waren – jedenfalls wurden zwei Gemälde in der ungewöhnlichen Enkaustiktechnik auf der Marmorverkleidung der die Apsis einrahmenden Pilaster angefügt. Links ist die Opferung Isaaks auf einem Altar mit Altartuch geschildert. Dies deutet darauf hin, daß die Szene als Vorwegnahme von Christi Opfertod verstanden werden sollte und zweifellos auch allgemein so aufgefaßt wurde. An dem rechten Pilaster, vor dem das Grabmal der heiligen Katharina steht, befand sich eine Ikone der Titelheiligen in einem marmornen Rokokorahmen. Ich war überzeugt, daß darunter das Gegenstück zu Isaaks Opferung, also ebenfalls ein enkaustisches Gemälde aus dem 7. Jahrhundert, vorhanden sein mußte. Nachdem der verstorbene Erzbischof, der ehrwürdige, verständnisvolle Porphyrios III., erlaubt hatte, den Rahmen zu entfernen, kam 1963 tatsächlich eine weitere Enkaustiktafel zum Vorschein. Geschildert ist, wie aus der Inschrift hervorgeht, die Opferung von Jephthas Tochter, ein in der frühchristlichen Kunst einmaliger Gegenstand. Der Heerführer Jephtha hatte gelobt, wenn Gott ihm den Sieg verleihe, werde er opfern, was ihm aus seiner Haustür zuerst entgegenkomme (Richter 11, 30ff.). Unglücklicherweise war es seine Tochter, und so opferte er sein einziges Kind. Die Szene, wie dem Mädchen mit dem Schwert die Kehle durchgeschnitten wird, ist grausig dargestellt. Auch dieses Bild ist als Vorwegnahme von Christi Opfertod zu verstehen, wie aus den Schriften syrischer Kirchenväter hervorgeht. Die beiden Enkaustikgemälde sind künstlerisch weniger bedeutend als die Mosaiken. Allem Anschein nach wurden sie von einem Ikonenmaler aus Palästina, höchstwahrscheinlich aus Jerusalem, ausgeführt.

Später wurde wieder die Mosaiktechnik angewandt, wenn auch in bescheidenem Umfang. Zu einer gewissen Zeit – das genaue Datum ist unbekannt – wurde der offene Hof um den Brennenden Dornbusch zu einer Kapelle umgestaltet. Eine marmorne Gedenkplatte liegt dort, wo der Dornbusch stand, darüber wurde ein Altar in einer kleinen Apsis errichtet, deren Konche mit einem einfachen Mosaik geschmückt wurde. Es zeigt lediglich ein Kreuz in einem Kreis und eine Inschrift, die einen Erzbischof Salomon nennt. Dessen Daten – vermutlich frühes 11. Jahrhundert – wurden entfernt.

Die Freskomalerei spielte hier im Vergleich zu anderen orthodoxen Kirchenräumen eine geringere Rolle. Aus der Zeit der großen Apsismosaiken stammt nur der Schmuck einer winzigen, in die Südwestmauer eingelassenen Kapelle. Die Seitenwände sind mit imitierter Marmorein-

legearbeit in rein klassischer Tradition verziert, das Tonnengewölbe ist in antiker Manier kassettiert, die Vogel- und Rosettenfelder sind von
11, 12 Girlanden unterteilt. Ein juwelenbesetztes, an die östliche Nischenwand gemaltes Kreuz ist der einzige Hinweis darauf, daß es sich um eine christliche Kapelle handelt.

Aus den zwei Blütezeiten in späteren Jahrhunderten sind nur wenige, aber charakteristische Fresken erhalten. Nachdem die Türken 1453 Konstantinopel erobert hatten, muß dem Katharinenkloster ein Zustrom geflohener Künstler zugute gekommen sein. In der zweiten Hälfte des 15. Jahrhunderts wurde die Apsis der Jakobuskapelle links von der Kapelle des Brennenden Dornbuschs ausgemalt. Im Mittelpunkt steht die Jungfrau des Brennenden Dornbuschs, auf der einen Seite flankiert von Jakobus und Johannes Chrysostomos, auf der anderen von Basilius und – höchst passend – Moses. Oben im Himmel steht Christus und reicht den darunter befindlichen Gestalten ein Evangelienbuch und eine Gesetzestafel. Dieselbe künstlerische Handschrift zeigt ein Fresko der Jungfrau Maria mit dem Kind in einer Wandnische, die ursprünglich Teil einer Kapelle war. Auffallenderweise ahmen diese Fresken Vorbilder aus dem 12. und 13. Jahrhundert so getreu nach, daß man auf den ersten Blick versucht ist, sie irrtümlich diesen Jahrhunderten zuzuordnen. Etwa hundert Jahre später wurde die ansässige Künstlerschule von kretischen Meistern abgelöst, die sich im 16. und 17. Jahrhundert sowohl als Fresken- wie auch als Ikonenmaler hervortaten. Die kretischen Ikonen sind im Sinaikloster sehr zahlreich vertreten, doch die Tätigkeit der kretischen Freskenmaler beschränkte sich auf ein 1573 datiertes
168 Jüngstes Gericht an der Ostwand des Refektoriums.

Neben den Apsismosaiken ist der größte künstlerische Schatz des Sinaiklosters die *Ikonensammlung*. Sie ist die hervorragendste, die wir heute kennen, und in verschiedener Hinsicht einmalig, schon allein wegen der Anzahl der Ikonen. Ich stellte eine eigene Liste zusammen und kam auf nicht weniger als 2044 Ikonen. Diese Liste enthält nicht nur die Ikonen in der Kirche und in den verschiedenen Klosterkapellen,

88

sondern auch die Ikonen in den Kapellen, die sich in den Tälern und auf den Bergen im Umkreis befinden. Den Mönchen war bewußt, daß die Ikonen in den entfernteren Kapellen, die nur selten aufgesucht werden, gefährdet waren, und sie erlaubten mir, alle diejenigen, die ich für künstlerisch wertvoll hielt, ins Kloster zu bringen. Die meisten kamen in den Raum, in dem früher die Bibliothek untergebracht war. Die Bibliotheksbestände wurden in das neue, zwischen den beiden Weltkriegen errichtete Betongebäude verlegt. Als wir das Magazin zum ersten Mal besuchten, waren über 600 Ikonen dort. Unterdessen brachten die Mönche einen Großteil der Ikonen aus den Seitenkapellen der Basilika der Sicherheit wegen ebenfalls dorthin, so daß das Magazin jetzt über 1000 Ikonen enthält. Eine Auswahl der schönsten Ikonen wird in der sog. »Bildergalerie« neben der neuen Bibliothek ausgestellt. Die heutigen Mönche wissen, daß die meisten Besucher nicht mehr Pilger sind, die vor den Ikonen beten wollen, sondern Touristen, die sie als Kunstwerke betrachten.

In der Kirche dienen die Ikonen jedoch immer noch ihrem ursprünglichen Zweck. Der Hauptanziehungspunkt ist die Ikonostase, die traditionsgemäß je zwei Ikonen beiderseits der Königspforte aufweist. Drei von diesen vier Ikonen bilden die sogenannte Deesis, das heißt Christus zwischen der Jungfrau Maria und Johannes dem Täufer als Fürsprecher. Die vierte Ikone ist im allgemeinen für den Schutzheiligen der Kirche bestimmt. Im Sinaikloster ist es die heilige Katharina, in kaiserliche Gewänder gekleidet, eine Krone auf dem Haupt und umgeben von den Symbolen ihrer Gelehrsamkeit und ihres Martyriums (das Rad). Diese Ikonen wurden 1612 von Jeremias von Kreta gemalt. Wo der Balken über dem Architrav früher Darstellungen der zwölf großen Feste aufwies, wurde dieser Zyklus im 17. Jahrhundert durch zusätzliche Passionsszenen erweitert und über Einzelpaneele verteilt. Während der Liturgie verbrennt der Priester Weihrauch und spricht das Fürbittgebet vor den Ikonen der Ikonostase. Im Mittelschiff steht das sogenannte *Proskynetarion,* ein Pult mit einem Baldachin darüber.

30

Hier wird die Ikone des Tages zur Schau gestellt. Der Priester verneigt sich tief vor ihr (daher die Bezeichnung »Proskynetarion«) und küßt sie, ehe er im sog. »Kleinen Introitus« den Altarraum betritt. Die Tagesikonen hängen in langen Reihen und in kalendarischer Ordnung an den Nord- und Südwänden der Seitenschiffe. Wenn also eine von ihnen zurückgebracht wird, nimmt man die nächste vom Haken und trägt sie zum Proskynetarion. Großformatige Ikonen, die nicht umhergetragen werden können, hängen an den Wänden, andere stehen auf Podesten in Augenhöhe der Betenden. Aber selbst die größte Ikonensammlung hat nicht für jeden Heiligen eine Ikone, daher wurden die *Kalenderikonen* erfunden. Dabei sind sämtliche Heilige über mehrere Bilder verteilt, und die Ikonen selbst bilden lange Reihen. In der Kirche hängen zwölf solche Ikonen, eine für jeden Monat, an den Säulen, und vor der Ikone, auf der der Tagesheilige abgebildet ist, wird jeweils eine Kerze entzündet. Obwohl sehr viele Ikonen heute nicht mehr ihren ursprünglichen Zweck erfüllen, sondern wie im Museum ausgestellt sind, verbleiben genügend Ikonen für die Zelebrierung der Liturgie.

80–83

Diese Sammlung ist auch insofern einmalig, als vom 6. Jahrhundert an, d. h. nicht lange nachdem die Ikonen geschaffen und kurz danach in den Gottesdienst aufgenommen wurden, jedes Jahrhundert bis zur Moderne vertreten ist. 1958 war ich bei der Beerdigung von Pater Pachomios, dem letzten Ikonen- und Freskomaler auf dem Sinai, zugegen. Mit ihm endete die ununterbrochene Tradition der Ikonenmalerei im Kloster. Pachomios war als heiligmäßiger Mönch hoch geschätzt. Seine stilistisch westlich beeinflußten Ikonen finden zwar bei den heutigen Kunstliebhabern nicht viel Anerkennung, doch sein größtes Verdienst ist sein Bemühen um die Erhaltung der Ikonen im Kloster. Da für ihn jede Ikone verehrungswürdig war, sammelte er alle Fragmente, die er finden konnte, und bewahrte sie auf. Die Kunsthistoriker sind ihm für diese Erhaltungs- und Sammeltätigkeit großen Dank schuldig.

Die Sinaisammlung hat unsere Kenntnis von der Ikonenmalerei über alle Erwartungen hinaus erweitert, dabei aber auch Probleme auf-

90

geworfen, die bisher von der Wissenschaft nicht geklärt werden konnten. Ein wichtiger Gesichtspunkt ist von Anfang an klar: Die Sammlung ist kein genereller Querschnitt der Ikonenmalerei, sondern sie wurde unter besonderen, mit der Geschichte des Klosters zusammenhängenden Umständen geschaffen. Die Wüste läßt keinen eigenen, verfeinerten, charakteristischen Stil entstehen. Die im Besitz des Klosters befindlichen Ikonen wurden entweder als Geschenke hierher gebracht oder von Künstlern gemalt, die an anderen Orten ihre Ausbildung erfahren und sich dann auf dem Sinai niedergelassen hatten. In vielen Fällen kann man zwischen diesen beiden Möglichkeiten nicht entscheiden. Die folgende Überlegung dient jedoch zur Erhellung des Problems: Einzelikonen sind wahrscheinlich Geschenke, doch Ikonenserien von derselben Hand oder der gleichen Künstlerschule sind vermutlich im Kloster entstanden. Ikonostasebalken, Auftragsarbeiten mit genauen Abmessungen, wurden höchstwahrscheinlich an Ort und Stelle geschaffen.

Zudem wurden viele Ikonen zwar nicht im Kloster selbst, aber doch *für* das Kloster gemalt. Ikonographisch befassen sie sich mit den heiligen Stätten auf dem Sinai, in der Hauptsache mit drei Themen: 1. die Gottesmutter des Brennenden Dornbuschs, der das Kloster ursprünglich geweiht war; 2. Moses, der entweder seine Schuhe auszieht (mit Bezug auf die Stelle, an der das Kloster errichtet wurde) oder die Gesetzestafeln in Empfang nimmt (mit Bezug auf den Gipfel des Dschebel Musa); 3. der heiligen Katharina, der das Kloster im 10. oder 11. Jahrhundert geweiht wurde. Schließlich sollte berücksichtigt werden, daß es zu verschiedenen Zeiten Kolonien syrischer, georgischer, lateinischer und später auch slawischer Mönche im Kloster gab, die alle für ihre Kapellen Ikonen brauchten. Auf diesen und anderen Faktoren beruht die Vielfalt der Sinaisammlung.

Aus der Glanzzeit der Ikonenmalerei unter Justinian und seinen unmittelbaren Nachfolgern ist nirgends sonst auf der Welt, sondern nur auf dem Sinai, eine größere Anzahl erstklassiger *Ikonen in der Enkaustiktechnik (Wachsmalerei)* erhalten. (Nebenbei sei erwähnt, daß drei

Ikonen, die heute im Museum von Kiew aufbewahrt werden, ebenfalls vom Sinai stammen). Unter den frühen Ikonen finden wir drei Meisterwerke, die, seit sie vor nicht langer Zeit bekannt wurden, in fast jedem Buch über byzantinische Kunst erwähnt werden. Wegen ihres hohen künstlerischen Wertes wurde allgemein angenommen, sie seien aus Konstantinopel gekommen, möglicherweise sogar als Geschenk des Kaisers. Die eine dieser Ikonen, ein Brustbild fast in Lebensgröße, zeigt

52, 54 Christus als Pantokrator mit juwelenbesetztem Evangeliar in der Hand und segnend. Die hieratische Frontaldarstellung und der Eindruck der Weltabgewandtheit einerseits und das Fehlen strenger Symmetrie wie auch die durch verschiedene Wölbung der Augenbrauen erzielte Lebendigkeit des Gesichts andererseits stellen eine harmonische Verbindung zwischen der göttlichen und der menschlichen Natur Christi her. Das zweite Meisterwerk stellt die Mutter Gottes dar, zwischen den Heiligen Theodor und Georg thronend, die sie wie Pfeiler flankieren,

77 während zwei Engel zu Gottes Hand aufblicken. Die ungewöhnliche Meisterschaft im farblichen Ausdruck zeigt sich in den Unterschieden zwischen dem Haupt der weltentrückten Jungfrau mit den olivenfarbig schattierten Augen und den realistischeren Gesichtern der Soldatenheiligen, von denen der eine sonnverbrannt und der andere bleich ist, während die Köpfe der ätherischen Engel geradezu impressionistisch wiedergegeben sind. Das dritte Meisterwerk, ein annähernd lebens-

89 großes Brustbild, stellt den heiligen Petrus dar. Sein durchdringender Blick ist eher der eines geistigen Führers als der eines einfachen Fischers, voll Spannung und angestauter Energie, wie sie auch in dem kräftigen Haarwirbel und den sehr ausgeprägten, dem Gewand aufgesetzten Glanzlichtern zum Ausdruck kommt.

Als 640 die Sinaihalbinsel und Ägypten vom Islam erobert wurden, riß die Verbindung zu Konstantinopel eine Zeitlang ab. Im 7. bis 9. Jahrhundert und weit in das 10. Jahrhundert hinein zeigt sich bei den Ikonen ein Zurücktreten des klassischen Erbes zugunsten eines gröberen, abstrakteren Stils. Das Zentrum der Ikonenmalerei war

92

offenbar Palästina, insbesondere Jerusalem, mit dessen Patriarchat das Sinaikloster bis auf den heutigen Tag eng verbunden ist. In dieselbe Zeitspanne fällt der Bildersturm im byzantinischen Reich (726–843 n.Chr.); die Ikonenmalerei wurde durch kaiserliche Erlasse verboten. Palästina lag außerhalb des Geltungsbereichs dieser Erlasse, so daß dort weiterhin Ikonen gemalt wurden. Wiederum ist dies eine Zeit, aus der lediglich das Sinaikloster eine nennenswerte Anzahl von Ikonen bewahrt hat. Die beiden schon erwähnten Enkaustikgemälde auf den Marmorverkleidungen, die Opferung Isaaks und der Tochter Jephthas, sind sehr 169 charakteristische Beispiele dieses palästinensischen Ikonenstils in seiner frühen Phase, d.h. im 7. Jahrhundert, während eine Himmelfahrt Christi, Mittelbild eines Triptychons, ein charakteristisches Beispiel seiner späten Phase ist. Der Malstil der klassischen Überlieferung war einem 74 harten, graphischen Stil gewichen, der in seiner Wirkung den frühen Holzschnitten aus dem 15. Jahrhundert nicht unähnlich ist und wie sie sehr dekorative Eigenschaften aufweist. Die Jungfrau auf diesem Himmelfahrtsgemälde steht vor einem Busch mit roten Blüten, was durchaus auf Flammen und den Brennenden Dornbusch hindeuten könnte. Dies wiederum läßt vermuten, daß die Ikone für das Sinaikloster, wenn auch vielleicht nicht dort, geschaffen wurde.

In der sog. mittelbyzantinischen Zeit vom Ende des Bildersturms bis zur Eroberung Konstantinopels durch die Venezianer (843–1204), stand der Sinai wieder den Einflüssen aus der Hauptstadt offen. Es finden sich künstlerisch hochstehende Bilder von dort wie auch Werke von Künstlern, die im Stil der Hauptstadt ausgebildet worden waren. Konstantinopel erlebte in diesen Jahrhunderten ein zweites goldenes Zeitalter und war in Kunst und Kultur tonangebend in der orthodoxen Welt. Der zarte, verfeinerte Stil vom Ende dieser Periode, d.h. vom 12. Jahrhundert, zeigt sich in der faszinierenden Ikone mit der Himmelsleiter des Johannes Klimakus. Johannes Klimakus war am Ende des 117 6. Jahrhunderts Abt des Sinaiklosters und schrieb eine bei den Mönchen 116 bald weit verbreitete Abhandlung darüber, wie man in den Himmel kommt und dazu die 30 Sprossen einer Leiter emporklimmen muß, Symbole für die Tugenden, die die Mönche zu erringen haben, wenn sie ihr Ziel erreichen wollen. Versuchungen bringen viele zu Fall; dies ist drastisch geschildert in Gestalt von Teufeln, die sie von der Leiter zerren. Selbstverständlich erreicht Johannes Klimakus als erster den Himmel, ebenso der Mönch, der ihm unmittelbar folgt, gleichfalls ein Abt des Sinaiklosters. Diese Ikone, die den Geist des östlichen Mönchtums eindringlich offenbart und zugleich mit der örtlichen Überlieferung eng verbunden ist, könnte im Kloster selbst von einem in der Tradition Konstantinopels ausgebildeten Künstler geschaffen worden sein.

Im 13. Jahrhundert wurden die Auswirkungen der Kreuzzüge auch im Sinaikloster deutlich spürbar. Pilger aus dem Westen brachten Reichtümer und wertvolle Gaben mit, und das Kloster, das offiziell dem Patriarchen von Jerusalem bzw. dem Suffraganbischof von Petra unterstand, erlebte eine seiner höchsten Blütezeiten. Griechische und lateinische Künstler wirkten zur selben Zeit, und große Aufträge wurden vergeben. Die schon erwähnten zwölf großen Kalenderikonen, die an den Säulen hängen, entstanden um diese Zeit, ebenso mehrere großformatige Ikonen, bei denen auf dem die Zentralfigur eines Heiligen umgebenden Rahmen Szenen aus seinem Leben geschildert sind. Die Anregung zu diesen Szenen stammte aus illustrierten Lebensbeschreibungen von Heiligen. Die Ikonen waren zweifellos für die Kapellen der jeweiligen Heiligen bestimmt. Eine Ikone, die die heilige Katharina in kaiserlichen Gewändern mit einer hohen Krone von vorn darstellt, stand wohl ursprünglich in der Nähe ihres Grabmals an der Stelle, an der sich heute eine große, aus dem 19. Jahrhundert stammende Ikone der heiligen Katharina mit schwerem Goldbelag, eine sog. Riza, befindet. Die alte Ikone ist in der Bildergalerie ausgestellt. Dort sieht man auch eine große Ikone mit einer Halbfigur des heiligen Nikolaus und Szenen aus seinem Leben. Diese Ikone wurde ursprünglich für eine heute nicht mehr bestehende, diesem Kirchenvater geweihte Kapelle geschaffen. Zur selben Ikonengruppe gehören zwei ebenso große Ikonen, die

94

Johannes den Täufer und den heiligen Georg darstellen und gleichfalls aus ihren Kapellen in die Galerie gebracht wurden. Nur die Ikone des heiligen Panteleimon mit Szenen aus seinem Leben befindet sich heute noch an ihrem ursprünglichen Ort, dem Eingang zu der Kapelle im Kircheninneren, die diesem Ärzteheiligen geweiht ist.

Eine der größten Überraschungen war die Entdeckung einer großen Anzahl von Ikonen, die offensichtlich von Kreuzfahrerkünstlern aus verschiedenen Nationen stammten. Eine Ikone ist zweifellos von einem 90, 92, 97, 99, 105 englischen, eine andere vermutlich von einem deutschen Künstler geschaffen, die meisten weisen die Handschrift italienischer Maler aus allen Teilen des Landes auf, aus dem stark griechisch beeinflußten Süden, aus der Toskana und besonders aus Venedig, das die größte Rolle gespielt zu haben scheint. Auch Ikonen französischer Maler aus der Zeit, in der Ludwig der Heilige in Palästina residierte (1250–1254), sind vorhanden.

Nachdem Jerusalem im Jahr 1244 gefallen war, wurde Akkon Zentrum des Kunstschaffens. Von dort kamen Künstler zum Sinai; aus verschiedenen Gründen steht nämlich außer Zweifel, daß eine große Zahl der Kreuzfahrerikonen im Kloster selbst gemalt wurden. So schuf beispielsweise ein italienischer Künstler Ikonen für einen Ikonostase- balken. In der Mitte sehen wir die Deesis, Christus und rechts und links 92 von ihm die Jungfrau Maria und Johannes den Täufer, dazu sechs Apostel, drei auf jeder Seite, und die Soldatenheiligen Georg und Prokop. Nach dem Stil dieser Gestalten in Dreiviertelgröße unter gotischen Spitzbogen zu urteilen, könnte der Herkunftsort in der Toskana liegen, muß jedoch noch genauer bestimmt werden. Der italienische Maler verrät seine westliche Schulung durch sein ausgeprägtes Gefühl für Körperlichkeit, obwohl er sich bemüht, ein griechisches Vorbild nach- zuahmen. Bemerkenswert ist, daß der westliche Künstler vom östlichen Ritus den Ikonostasebalken übernahm. Dies läßt vermuten, daß die lateinischen Mönche ihre heute nicht mehr bestehende Kapelle im Kloster, »St. Katharina der Franken«, nach orthodoxer Art ausschmückten. Die Mosesbüste wurde wahrscheinlich von einem französischen Künstler geschaffen. Sie zeigt den Propheten mit seelenvollem Blick, und diese gefühlvolle Wirkung unterscheidet sich stark von den Bildern byzantinischer Künstler jener Zeit, die ihre Heiligen weltenrückt darstellten, auch wenn sie sich um ausdrucksvolle Gesichter bemühten.

Nach dem Abzug der Kreuzfahrer nahm das Kloster seine enge Bindung zu Konstantinopel wieder auf. Aus der Zeit der Paläologen (1261–1453) besitzt es eine Reihe qualitätvoller Ikonen im Stil der Hauptstadt, Vertreter der spätesten und schon etwas manierierten Periode der byzantinischen Malerei. Von da an verliert die Sinaisammlung ihre einzigartige Vorrangstellung in der Geschichte der Ikonenmalerei, da seit dem 14. Jahrhundert ebenso wertvolle Ikonen an anderen Orten, in Griechenland, den Balkanländern und verschiedenen Gebieten des Nahen Ostens überliefert sind.

Offenbar belebte sich erst nach der Eroberung Konstantinopels durch die Türken (1453) die Ikonenmalerei und, wie schon erwähnt, auch die Freskomalerei im Kloster erneut. Deutlich erkennbar ist das Streben, die byzantinische Tradition zu bewahren, deren Existenz bedroht war. Hauptanliegen der Ikonen- und Freskomalerei war es, Vorbilder aus der Blütezeit des Klosters im 12. und 13. Jahrhundert möglichst getreu nachzuahmen. Große Ikonostaseikonen mit Christus, der Jungfrau Maria und Johannes dem Täufer wie auch ebenso große mit Erzengeln und Aposteln wurden kopiert, und wenn die etwas weichere Modellierung der Körperpartien und der grünliche Hintergrund statt dem Goldgrund nicht wären, könnte man oft in Zweifel geraten, ob eine Ikone aus dem 15. oder dem 13. Jahrhundert stammt. Zu den immer wieder nachgebildeten Ikonen gehörten auch die Ikonen, die das Thema des Jüngsten Gerichts darstellen. Das Kloster besitzt zwei schöne

102, 104

Beispiele aus dem 12. Jahrhundert im Stil der Hauptstadt, die Vorbilder für mehrere Kopien im 16. Jahrhundert wurden, die an der Ikonographie nichts änderten und ihr späteres Entstehungsdatum nur durch geringfügige stilistische Änderungen verraten.

Fortsetzung Seite 153

54

52, 54 Enkaustische Ikone des Christus Pantokrator. 6. Jahrhundert. Höhe: 84 cm. Breite: 45,5 cm. Die Ikone stammt wahrscheinlich aus Konstantinopel und wurde lange Zeit ins 13. Jahrhundert datiert, da sie fast vollständig übermalt war. Sie stammt jedoch aus der ersten Hälfte des 6. Jahrhunderts.

52 Detail von 54.

53 Ein Blick in die alte Bibliothek, wo ein großer Teil der Ikonen aufbewahrt wurden, die in der Kirche und den Kapellen keinen Platz mehr hatten. Insgesamt gibt es im Kloster über 2000 Ikonen, die aus der Zeit vom 6. Jh. bis zur Neuzeit stammen.

55

56

55 Prophet Elias. Um
1200. Höhe: 130 cm.
Breite: 67 cm.

56 Detail von 55.

57 Deesis und die
Heiligen Väter vom
Sinai. 13. Jahrhundert.
Höhe: 57,3 cm. Breite:
42,5 cm.

58 Maria Glykophi-
lousa. Kreta, 16. Jahr-
hundert. Höhe: 44,1 cm
Breite: 35,6 cm.

59 Maria Glykophi-
lousa. 13.–14. Jahr-
hundert. Höhe: 24,9 cm
Breite: 18,6 cm.

60 Muttergottes mit
den Leidenswerkzeugen
Kreta, 16. Jahr-
hundert. Höhe: 25,4 cm
Breite: 20,2 cm.

61 Maria Glykophi-
lousa. Kreta, 16.–17.
Jahrhundert. Höhe:
25,2 cm. Breite:
18,8 cm.

62 Muttergottes mit
dem Kind und Johan-
nes dem Evangelisten.
16.–17. Jahrhundert.
Höhe: 22,6 cm. Breite:
17,7 cm.

63 Maria Hodegetria.
Volkskunst, undatiert.
Höhe: 25,4 cm. Breite:
18 cm.

64 Die 40 Märtyrer
von Sebaste. Unda-
tiert. Höhe: 38,3 cm.
Breite: 28,9 cm.

60

58

61

59

62

63

64

65 Engel der Verkündigung. Konstantinopel, Ende 12. Jahrhundert. Höhe: 61 cm. Breite: 42 cm.

66 Erzengel Michael. Volkskunst, undatiert. Höhe: 31,4 cm. Breite: 20 cm.

67 Das Wunder von Chone. Der Erzengel Michael beschützt die Hütte des Mönchs Archippus. Konstantinopel, 1. Hälfte des 12. Jahrhunderts. Höhe: 37,5 cm. Breite: 30,7 cm.

68 Die hl. Theodosia. 15. Jahrhundert (?). Höhe: 21,7 cm. Breite: 14 cm.

69 Halbfigur des Erzengels Gabriel. Sinai, 15.–16. Jahrhundert. Höhe: 33,6 cm. Breite: 25,9 cm.

65

66

67

68

69

70

70 Die hl. Katharina und Szenen aus ihrem Leben auf dem Rahmen. Sinai. Höhe: 75,2 cm. Breite: 51,1 cm.

71 Kopf des hl. Georg. 14. Jahrhundert. Höhe: 36 cm. Breite: 28,5 cm.

72 Die Muttergottes erscheint Moses im Brennenden Dornbusch. Sinai, moderne Arbeit auf einer Muschelschale. Höhe: 22 cm. Breite: 19 cm.

74

74 Auferstehung Christi. Mitteltafel eines Triptychons. Sinai, unter palästinischem Einfluß. 9.–10. Jahrhundert. Höhe: 41,8 cm. Breite: 27,1 cm.

75 Die Muttergottes im Brennenden Dornbusch, von Moses, Aaron, Elias und der hl. Katharina umgeben. Sinai. 17. Jahrhundert. Höhe: 26 cm. Breite: 21,1 cm.

76 Der hl. Sergius vor der Muttergottes, mit dem hl. Petrus und hl. Johannes. Rußland. 17. Jahrhundert. Höhe: 30 cm. Breite: 24 cm.

77 Enkaustische Ikone. Die thronende Muttergottes zwischen den Soldatenheiligen Theodor und Georg. Konstantinopel. 2. Hälfte, 6. Jahrhundert. Höhe: 68,5 cm. Breite: 49,7 cm.

72

75

77

73

76

73 Johannes der Täufer. Ikone in der Ikonostase der Kapelle der Heiligen Väter. 17. Jahrhundert. Kreta. Höhe: 105,7 cm. Breite: 66 cm.

78 Der hl. David von Thessaloniki predigt auf einem Mandelbaum. Er wurde der »Neue David« genannt und ist hier zusammen mit König David dargestellt. Kreta. 16. Jahrhundert. Höhe: 20,8 cm. Breite: 17,2 cm.

80

79 Geburt der hl.
Jungfrau Maria. (Bild-
ausschnitt von 80.)

80 Diptychon mit
dem vollständigen Ka-
lender der 12 Monate.
Konstantinopel,
12. Jahrhundert. Jeder
Flügel: Höhe: 36,5 cm.
Breite: 24,6 cm.

81, 82, 83 Die 40
Märtyrer von Sebaste.
(Bildausschnitte von
80.) Insgesamt sind
mehr als 1200 2,5 bis
3 cm große Figuren
dargestellt. Trotz ihrer
geringen Größe hat
der Künstler jeder
Gestalt einen indivi-
duellen Ausdruck ver-
liehen. Das ist beson-
ders erstaunlich, wenn
man bedenkt, daß die
Köpfe jeweils nur etwa
3 mm groß sind.

81

82

79

84

85

86

87

88

84 Halbfigur des
hl. Ananias. Kreta,
16.–17. Jahrhundert.
Höhe: 24,1 cm. Breite:
19 cm.

85 Hl. Nikolaus. Ruß-
land, 17. Jahrhundert.
Höhe: 18,5 cm. Breite:
14,1 cm.

86 Flügel eines Trip-
tychons. Halbfiguren
des hl. Charitonos und
des hl. Theodosios.
Palästina, 8.–9. Jahr-
hundert. Höhe:
22,2 cm. Breite:
9,4 cm.

87 Halbfigur des Jo-
hannes Klimakus, Au-
tor der ›Scala Paradisi‹
(Himmelsleiter). Sinai,
15. Jahrhundert.
Höhe: 23,2 cm. Breite:
18,8 cm.

88 Enkaustische
Ikone. Thronender
Christus als Pantokra-
tor (Weltenrichter).
Etwa 7. Jahrhundert.
Höhe: 76 cm. Breite:
53,5 cm.

89 Enkaustische Ikone. Der hl. Petrus. Oben in Medaillons Christus zwischen Johannes d. Täufer (?) und Maria. Konstantinopel, Ende 6. – Anfang 7. Jahrhundert. Höhe: 92,5 cm. Breite: 53,1 cm.

90

91

90 Kruzifixus. Arbeit eines Kreuzfahrer-Künstlers. 13. Jahrhundert. Höhe: 35,3 cm. Breite: 25,3 cm.

91 Der hl. Alexius. Rußland, 17.–18. Jahrhundert. Höhe: 31 cm. Breite: 27,3 cm.

89

95

93

94

92 Bildausschnitt eines Ikonostase-Balkens, der wahrscheinlich ursprünglich für die Kapelle St. Katharina der Franken bestimmt war. Sinai, Mitte 13. Jahrhundert. Arbeit eines italienischen Kreuzfahrer-Künstlers. Dargestellt sind, links von der zentralen Deesis, die hl. Maria und der hl. Petrus, rechts der hl. Johannes d. Täufer. Höhe: 43 cm. Breite: 168,8 cm.

93 Halbfigur des hl. Nikolaus, auf dem Rahmen 16 Szenen. Sinai, 1. Hälfte 13. Jahrhundert. Höhe: 82 cm. Breite: 56,9 cm.

95 Halbfigur des Christus Pantokrator. 13. Jahrhundert. Höhe: 20,2 cm. Breite: 15,4 cm.

96 Bildausschnitt einer Ikone. Diese typische Handhaltung kommt auf zahlreichen Ikonen bei Christus und den Heiligen vor.

97 Halbfigur des hl. Antipas. Wahrscheinlich von einem venezianischen Kreuzfahrer-Künstler. Sinai, 2. Hälfte 13. Jahrhundert. Höhe: 58,2 cm. Breite: 44,9 cm.

94 Ikone aus der Ikonostase der Kapelle des hl. Georg. Christus Pantokrator. Sinai. 2. Hälfte 15. Jahrhundert. Höhe: 97 cm. Breite: 63,5 cm.

96

97

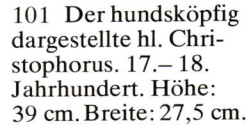

101 Der hundsköpfig
dargestellte hl. Chri-
stophorus. 17.–18.
Jahrhundert. Höhe:
39 cm. Breite: 27,5 cm.

102 Jüngstes Gericht.
Bildausschnitt. Kon-
stantinopel, Mitte 12.
Jahrhundert. Gesamt-
größe = Höhe:
62,2 cm. Breite:
45,8 cm.

103 Himmel-
fahrt des Elias. Sinai.
2. Hälfte 15. Jahrhun-
dert. Höhe: 36,4 cm.
Breite: 28 cm.

98

98 Der hl. Georg zu
Pferd. Sinai, 2. Hälfte
15. Jahrhundert.
Höhe: 39,8 cm. Breite:
25,8 cm.

99 Die hl. Sergius und
Bacchus zu Pferd.
Arbeit eines Kreuzfah-
rer-Künstlers. Sinai,
13. Jahrhundert. Es
handelt sich um die
Rückseite einer dop-
pelseitig bemalten
Ikone; auf der Vorder-
seite Maria Hodege-
tria. Höhe: 95,2 cm.
Breite: 62,7 cm.

100 Die drei kappa-
dozischen Kirchenvä-
ter Basilius, Johannes
Chrysostomos und
Gregor von Nazianz.
Kreta, 15.–16. Jahr-
hundert. Höhe:
37,6 cm. Breite:
32,1 cm.

99

100

101

102

103

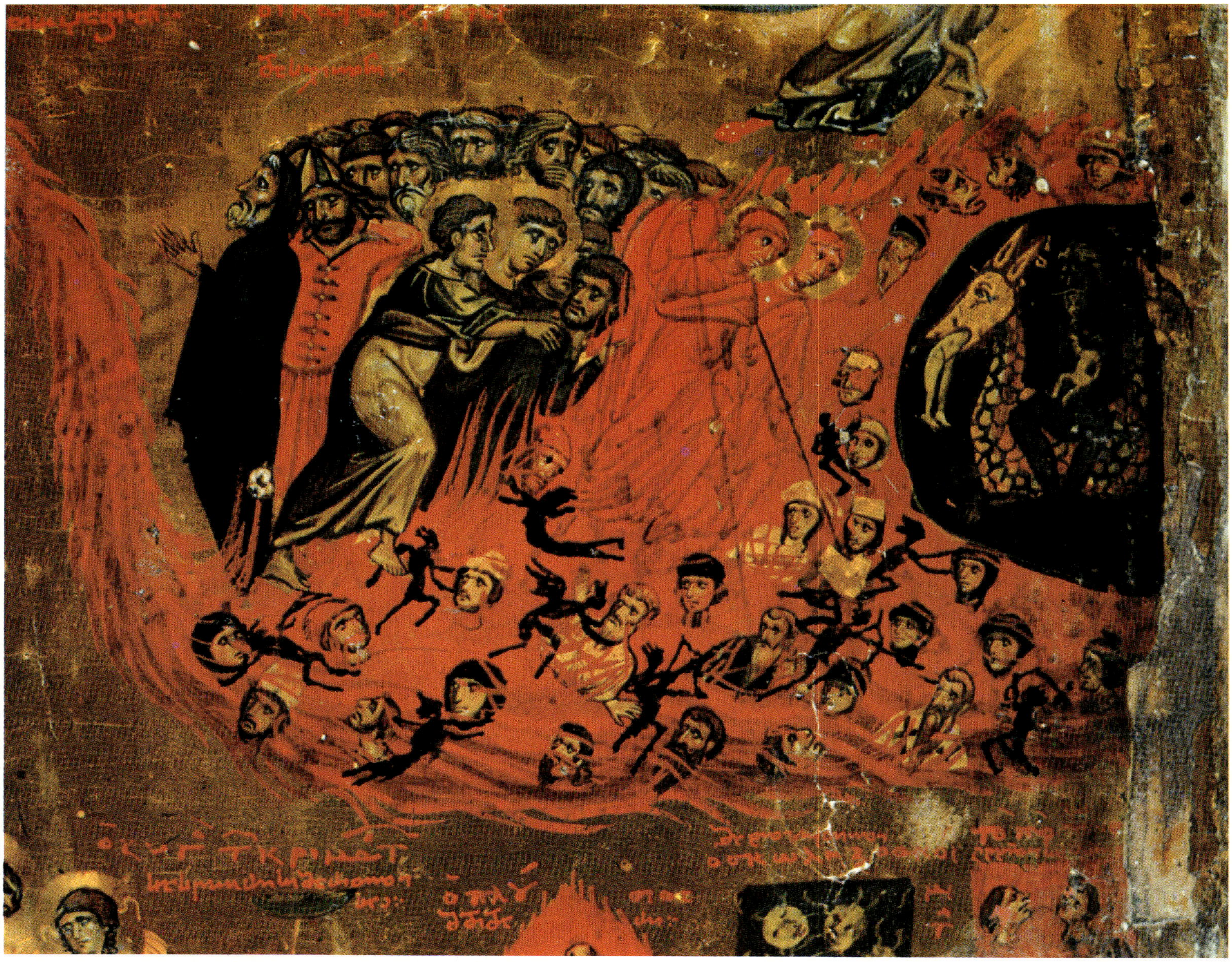

104

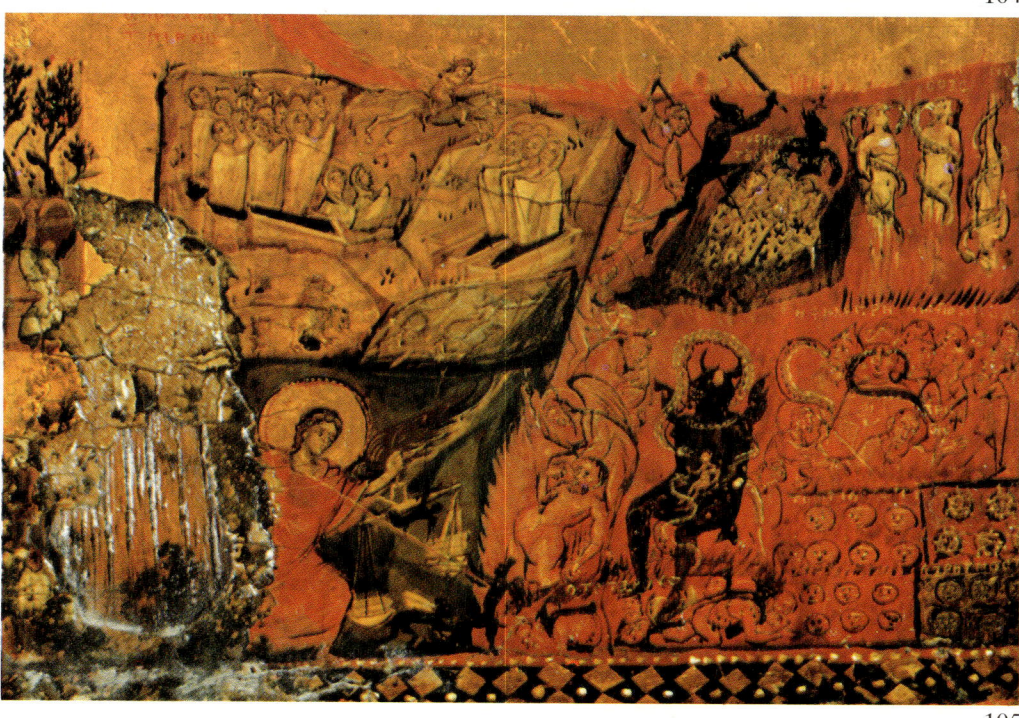

104 Jüngstes Gericht. Bildausschnitt. Konstantinopel, Ende 11.–Anfang 12. Jahrhundert. Gesamtgröße = Höhe: 48 cm Breite: 35,5 cm.

105 Jüngstes Gericht. Bildausschnitt. Kreuzfahrer-Ikone. Sinai, 13. Jahrhundert. Gesamtgröße = Höhe: 39,5 cm. Breite: 32,4 cm.

106 Jüngstes Gericht. Sinai. 2. Hälfte 15. Jahrhundert. Höhe: 28,5 cm. Breite: 21,2 cm.

105

10

107

109

108

110

111

107–114 Bildausschnitte gemalter Ansichten des Katharinenklosters aus dem 18. und 19. Jahrhundert.

12

13

114

صورة سلم الفضايل والرهبان الصاعدين في درجا العمل و فتال الشياطين طمر و مهبط المتواببتن اللي الجحيم

115

116

115 Die Himmelsleiter des Johannes Klimakus. Aufsteigende und herabstürzende Mönche. Bibl. Cod. arab. 343, fol. 13 v. Datiert 1612.

116 Etwa 2 Stunden vom Katharinenkloster entfernt liegt die Höhle, in der Johannes Klimakus in der 1. Hälfte des 7. Jahrhunderts lebte und starb.

117 Ikone mit Darstellung der Himmelsleiter. Vielleicht Sinai, 2. Hälfte 12. Jahrhundert. Höhe: 41 cm. Breite: 21,6 cm.

118

118 Mosaikikone des hl. Demetrius. Konstantinopel, 13. Jahrhundert. Höhe: 19 cm. Breite: 14,6 cm.

119 Apsismosaik. Verklärung Christi. 6. Jahrhundert. Am Triumphbogen das Lamm Gottes mit Medaillondarstellungen Johannes d. Täufers und der Maria sowie zwei Erzengel. Oben links: Moses vor dem Brennenden Dornbusch; rechts: Moses empfängt die Gesetzestafeln aus der Hand Gottes. In der Apsis: Christus, neben dem Elias (links) und Moses (rechts) stehen; kniend die Apostel Johannes (links) und Jakobus (rechts); unten in der Mitte der erwachende Petrus. In den rahmenden Medaillons: die 12 Apostel und 16 Propheten, König David sowie zwei Stifter des Mosaiks.

119

120 Ausschnitt des Apsismosaiks: Verklärung Christi. Die Zentralfigur symbolisiert die göttliche und menschliche Doppelnatur Christi.

121–125 Ausschnitte des Apsismosaiks.

121 Der Prophet Elias.
122 Der Prophet Moses.
123 Das Lamm Gottes.
124 Der hl. Jakob.
125 Der hl. Petrus.

123

121

122

124

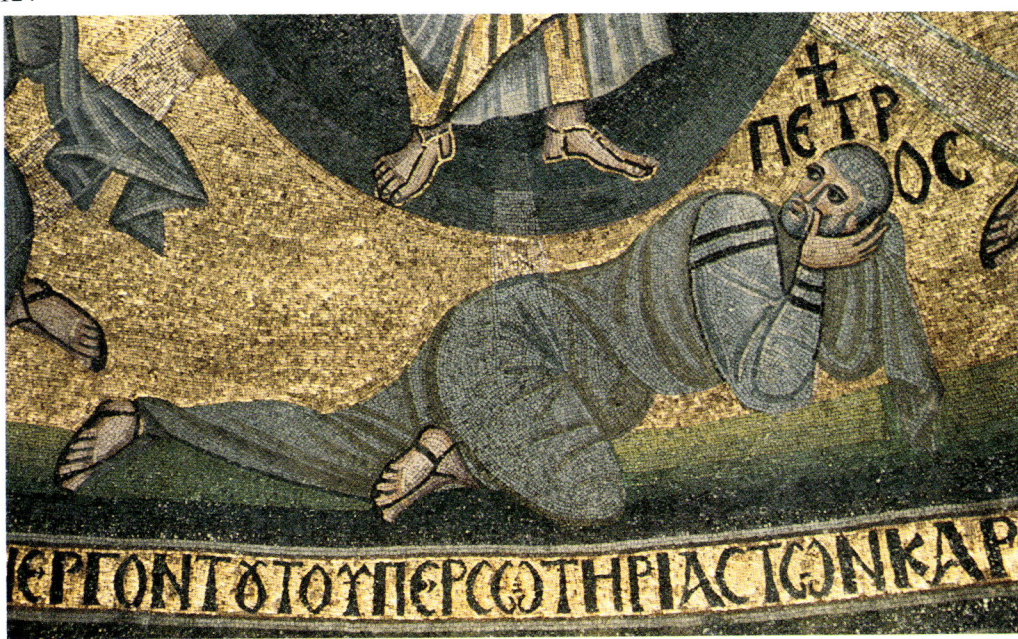

125

126

127

126–128 Ausschnitte
des Mosaiks.

126 Moses empfängt
auf dem Berg Tabor
die Gesetzestafeln aus
der Hand Gottes.

127 Gott spricht zu
Moses aus dem Bren-
nenden Dornbusch
und befiehlt ihm, seine
Schuhe auszuziehen,
da er auf heiligem
Boden stehe.

128 Der Prophet
Moses empfängt die
Gesetzestafeln.

128

129

131

130

132

129–136 Bildaus-
schnitte aus dem Rah-
men des Apsismosaiks.
6. Jahrhundert.
Medaillons.

129 Johannes der Diakon.
130 Ezechiel.
131 Daniel.
132 Malachias.
133 Haggai.
134 Jeremias.
135 Zephanja.
136 Longinus der Abt.

133

134

135

136

138

139

137 Silberne Öllampen leuchten Tag und Nacht über dem Sarkophag der hl. Katharina.

138 Detail eines der großen Kerzenleuchter.

139 Enkolpion (Reliquienkapsel) mit Kamee der hl. Katharina, gerahmt mit Email und Perlen. Rußland, 17. Jahrhundert.

140 Meßkelch aus Gold und Silber mit Emaileinlagen. Der Kelch wurde, wie die griechischen und lateinischen Inschriften am Fuß besagen, im Jahr 1411 der Kirche der hl. Katharina auf dem Berg Sinai von König Karl VI. von Frankreich gestiftet.

141 Bronzeaquamanile in Gestalt einer Taube; der Henkel ist als springender Hund gestaltet. Islamisch, Fatimidenzeit, 10.–12. Jahrhundert.

142

143

14

142–147 Malerei auf
der Deckenvertäfelung.
13.–14. Jahrhundert.

45

46

147

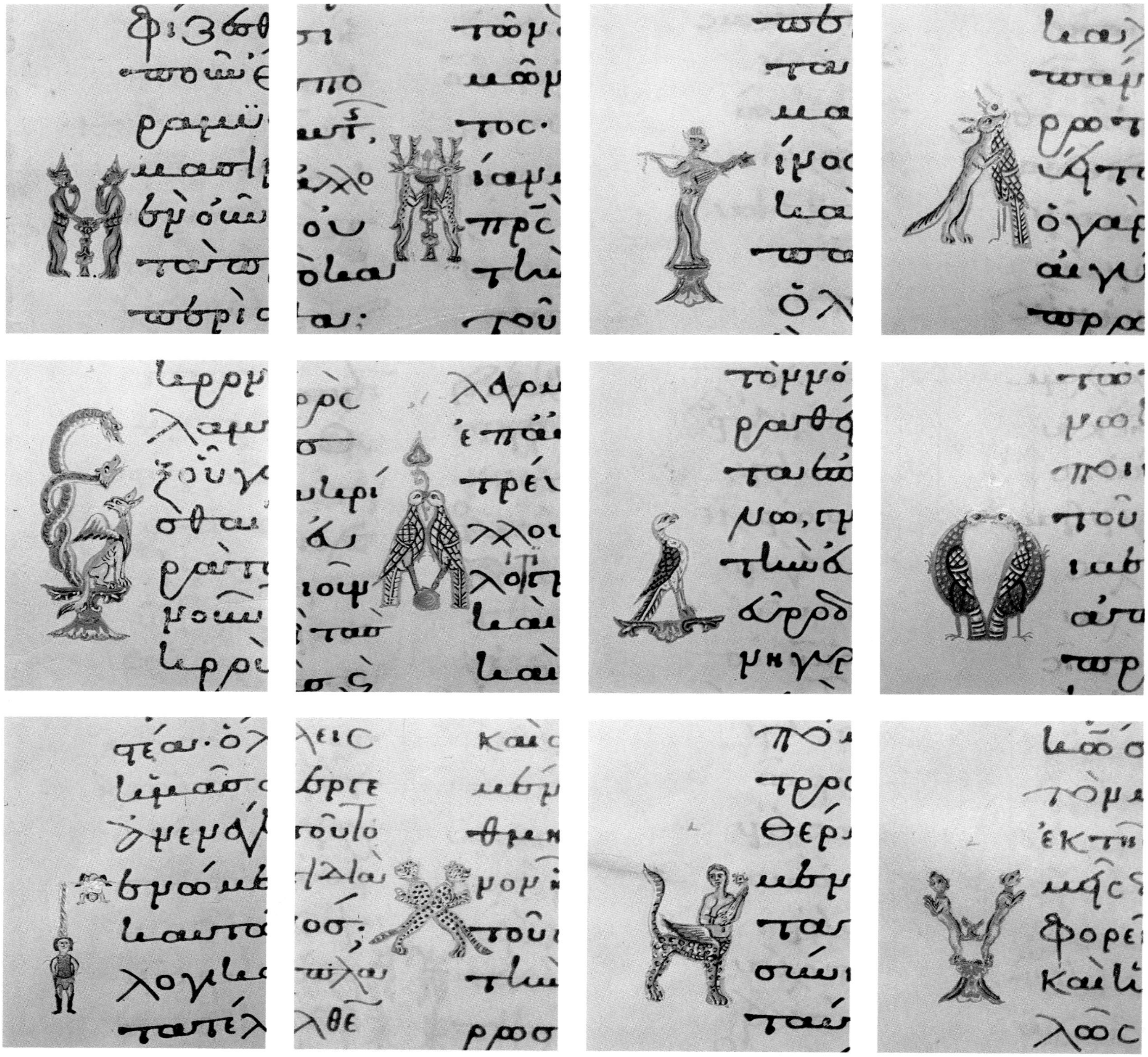

148–158 Buchmalerei aus der Bibliothek des Katharinenklosters.

148 Initialen mit Fabelwesen und Tieren. Homilien des Gregor von Nazianz. Bibl. Cod. gr. 339. Mitte 12. Jahrhundert.

149 Lektionar vom Berg Horeb. Bibl. Cod. gr. 213, fol. 196 v. Datiert 967.

ΕΥΑΓΓΕ
ΛΙΑCΥΝΟΝ

ΤΟ ΠΑ Θ ΥC Τ ΚΥ
ΚC Θ Υ ΗΜΩΝ
ΙΥ ΧΥ

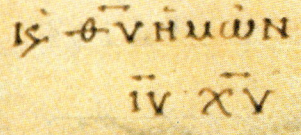

ΚΑ ΙΩ

ΕΙΠΕΝ
Ο ΚC
ΤΟΙC
ΕΑΥΤΟ
ΜΑ Θ ΗΤΑΙC

ΝΥΝ ΕΔΟΞΑ
C Θ Η Ο ΥC ΤΟΥ
ΑΝ ΟΥ ΚΑΙ
Ο Θ ΕΔΟΞΑ
C Θ Η ΕΝ ΑΥΤΩ
ΕΙ Ο Θ ΕΔΟΞΑ
C Θ Η ΕΝ ΑΥΤΩ
ΚΑΙ Ο Θ ΕΔΟ
ΞΑ C ΗΝ ΑΥΤΟΝ
ΕΝ ΑΥΤΩ
ΚΑΙ ΕΥ Θ ΥC
ΔΟΞΑ CEI ΑΥ
ΤΟΝ ΤΕ ΚΝΙΑ ΕΤΙ
ΜΙΚΡΟΝ ΜΕ
Θ ΥΜΩΝ Η
ΜΙ ΖΗΤΗ
CΕΤΕ ΜΕ
ΚΑΙ ΚΑ Θ ΩC

150–153 Buchminiaturen aus dem Buch Hiob, mit der Catena des Olympiodorus.

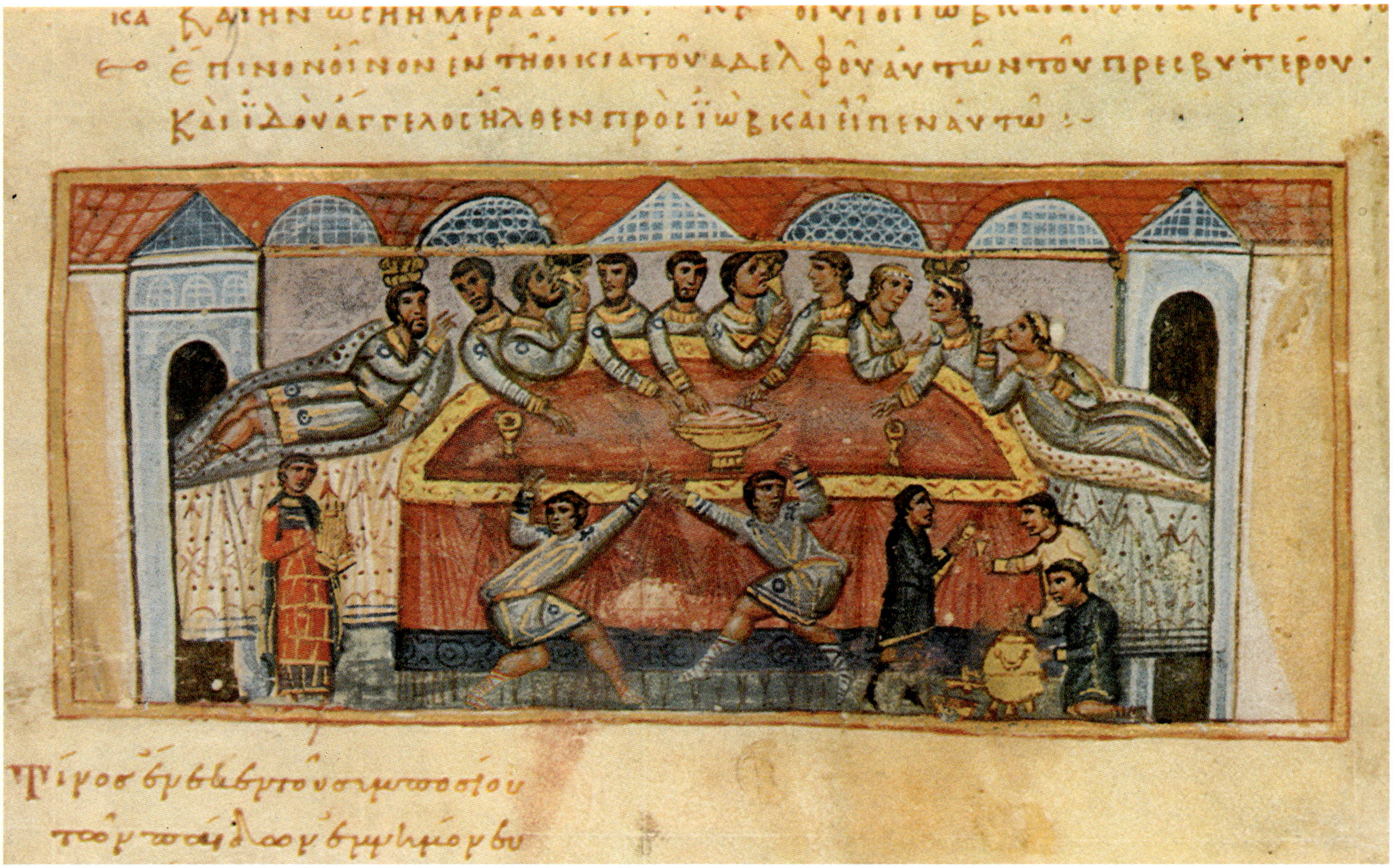

150 Die Söhne und Töchter Hiobs beim Mahl (Fol. 17 v.).

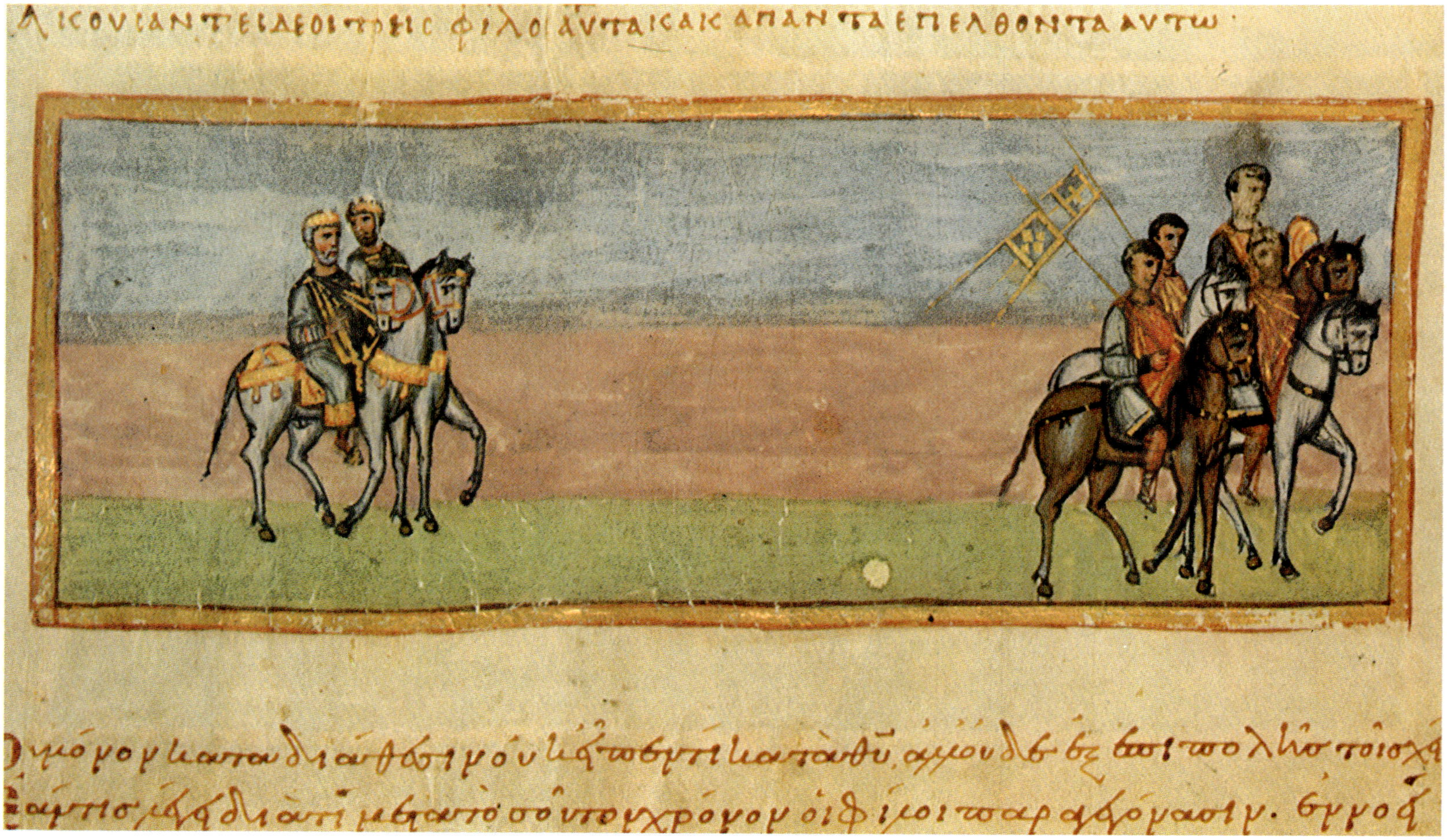

151 Die Freunde auf dem Marsch (Fol. 29 r.)

152 Die Chaldäer rauben die Kamele und erschlagen die Knechte (Fol. 19 v.).

153 Die Freunde auf dem Marsch (Fol. 29 v.).

✝ ΤΟΥ ΑΥΤΟΥ. ΠΕΡΙ ΦΙΛΟΠΤΩΧΙΑΣ ✝

 μ̅ʹ̅ ῥ̅ω̅ ἀδελφοὶ
καὶ ὁμόγνη
τοι ταραχοῦ δ̅
ἅπαντες καὶ
τῆς θείας χα
ριτος ὡσ δεῖσ·
καὶ ἄλλοσ ἄλ
λου προς ἐ̅μ

δοκιμωτέροισ
μέτροισ μέτρου
μνος δ̅ δόξασ ὡ̅ϟ
τον ὑπερ φιλο
πτωχίας λόγο̅·
καὶ ὑπηρ χεωσ·
καὶ ἀλλα φιλοτι
μος· ἵνα καὶ

155

156

157

154 Homilien des Gregor von Nazianz. Bibl. Cod. gr. 339 (Fol. 341 v.). Mitte 12. Jahrhundert. Predigt des hl. Gregor.

155 Johannes Klimakus, die Himmelsleiter. Bibl. Cod. gr. 418 (Fol. 279 r.). 12. Jahrhundert. Die Ruhe.

156 Johannes Klimakus, die Himmelsleiter. Bibl. Cod. gr. 418 (Fol. 211 r). Die Klugheit.

157 Buchmalerei eines Lektionars. 12. Jahrhundert.

158 Homilien des Gregor von Nazianz. Bibl. Cod. gr. 339 (Fol. 109 r.). Predigt beim Begräbnis des hl. Basilius.

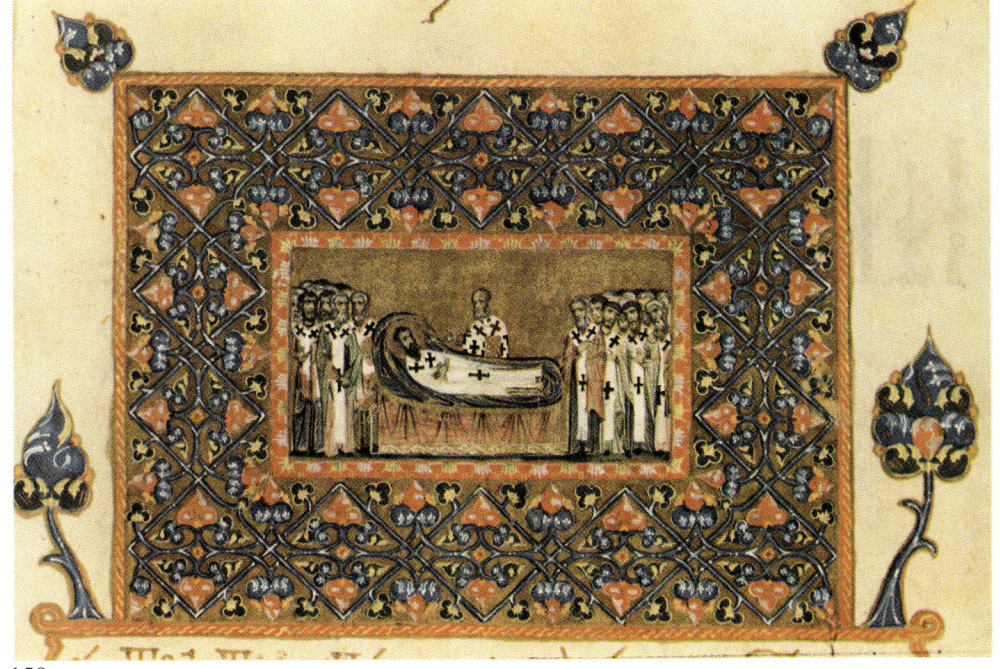

158

159

160

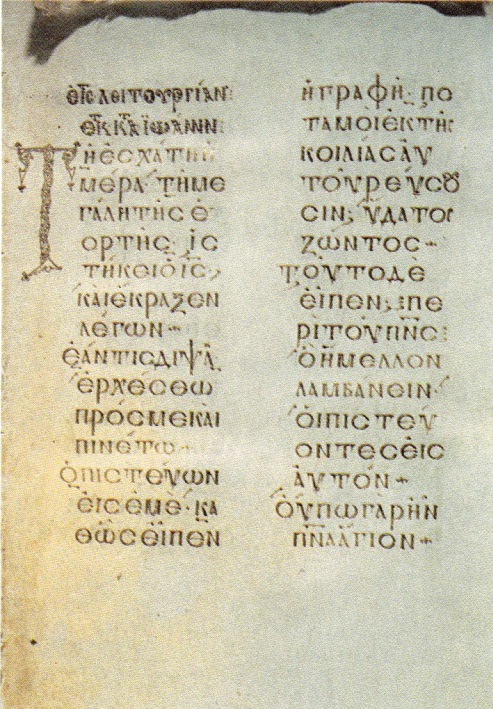

ὃ ἡ λειτουργίαν
ἐϰ ϰ̈αι ̈ωηϲϲ·
Πηεϲχατηι
ημερατημε
γαληϲηϲ ε
ορτηϲ ϊϲ
τηϰεϊοϲ·
ϰαιεϰραζεν
λεγων·
εαντιϲδι ψα
ερχεϲεω
προϲμεϰαι
πινετω
ὁπιϲτευων
ειϲεμε · ϰα
θωϲειπεν

η γραφη · πο
ταμοιεϰτηϲ
ϰοιλιαϲαν
τουρευϲο
ϲιν ὑδατοϲ
ζωντοϲ·
τουτοδε
ειπεν · πε
ριτουπνϲ·
ὁημελλον
λαμβανειν
ὁιπιϲτευ
οντεϲειϲ
αυτον·
ουπωγαρην
πναϊγιον·

161

161 Johannes Klima-
kus, die Himmelslei-
ter. Bibl. Cod. gr. 418
(Fol. 132 r.). Die Faul-
heit.

160 Bibl. Cod. gr. 418
(Fol. 172 r.)
Die Wachsamkeit.

161 Textseite aus ei-
ner alten Handschrift.

162 Johannes Klima-
kus. Bibl. Cod. arab.
343. Fol. 3 r. Datiert
1612. Der schreibende
Autor.

163 Bibl. Cod. gr.
339. (Fol. 4 v.) Gregor
von Nazianz, schrei-
bend.

162

63

164

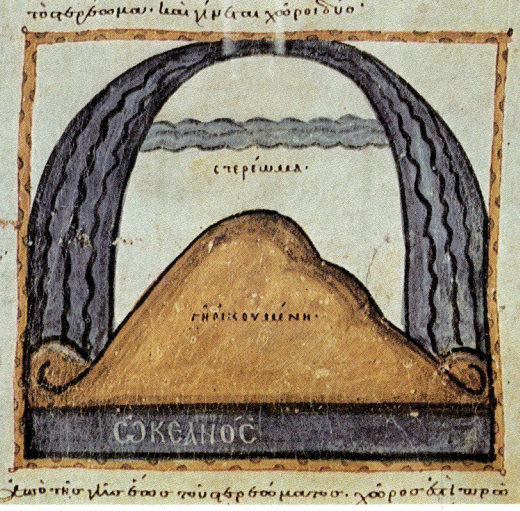

166

164–167 Kosmas In-
dikopleustes. Christli-
che Topographie. Bibl.
Cod. gr. 1186.
11. Jahrhundert.

164 Fol. 69 r. Schema
des Universums mit
dem Firmament in
Form der Arche Noah.

165 Fol. 107 v. Him-
melfahrt des Elias.

166 Schema des
Universums.

167 Die Bundeslade
und die 12 Stämme
Israels. Bibl. Cod. gr.
1186. Fol. 86 v.

165

τοῖς ἱεροῖς τὸν ῥαμνον μὰ τῶν αὐτῶν· ἐσαν δὲ δ
αὐτοῦ. δύο χρουβὶμ δόξης κατασκιάζοντα τὸ
ἱλαστήριον· αὐτὸ ὂν τὸ ἱλαστήριον. τύπω εἰ μὲ
λὰ ἣ τοῦ δὲ ὄσω τοῖχοῦ κατὰ σάρκα καὶ ὁ ἀπόστολος· ὂν
προέθετο ὁ θ(εὸ)ς ἱλαστήριον ἐν τῷ αὐτοῦ αἵματι·
ἵνα εἴπῃ ὅτι ἐκεῖνος μὲν τὸ ἐν τῇ σκ(ην)ῇ αἵματι
τἀλλοτρίῳ παρεῖχε τὴν ἄφεσιν· οὗτος δὲ ἐν τῷ
ἰδίῳ αἵματι. ὡς ἐποιήσατο τὴν ἄφεσιν τῷ κόσμῳ·

168 Ostwand des Refektoriums. Freskogemälde des Jüngsten Gerichts. Datiert 1573. Kretische Schule.

169 Enkaustische Malerei an dem Marmorpfeiler links vor der Apsis. Die Opferung Isaaks. 7. Jahrhundert.

Bald wurde aber die eigene Ikonenmalerei des Klosters vom Kunstschaffen kretischer Maler überlagert. *Kreta* war zum Sammelpunkt griechischer Ikonenmaler geworden, und ihre Werke verbreiteten sich in der ganzen orthodoxen Welt. Obwohl man im Lauf der letzten Jahrzehnte Aufschlüsse über die kretische Ikonenmalerei bekommen hat, wird doch die außerordentlich reichhaltige Sammlung kretischer Ikonen im Sinaikloster unsere Kenntnisse erheblich erweitern. Daß Jeremias von Kreta die Ikonen für die große Ikonostase schuf, wurde schon erwähnt. Überdies finden sich hervorragende Einzelikonen, nicht wenige davon signiert von bekannten Malern wie Michael Damaskenos, Angelos, Klotzas, Lambardos, Demetrios, Victor, Tzanes und anderen. Auch die sonstigen, nicht signierten Ikonen weisen denselben hohen künstlerischen Rang auf.

Immer wieder sollte man sich daran erinnern, daß der Sinai der ganzen Christenheit offenstand, und daß zu verschiedenen Zeiten Mönche aus anderen christlichen Kirchen im Kloster lebten. So überrascht es nicht, daß Ikonen mit syrischen und arabischen Inschriften vorhanden sind, deren Stil sich vom griechischen unterscheidet und noch nicht untersucht wurde. Es gibt auch georgische Inschriften. Einige Kalenderikonen aus dem 11. Jahrhundert sind zweisprachig: Unter der griechischen Inschrift steht die georgische Übersetzung. Ihr Stil ist eindeutig griechisch; daraus kann man schließen, daß die Inschrift nicht unbedingt auf die Herkunft des Künstlers weist. Vom 16. Jahrhundert an stellen wir einen Zustrom slawischer, hauptsächlich russischer Ikonen fest, bei denen es gelegentlich umgekehrt ist: Die Inschrift kann griechisch sein, aber der Stil ist zweifellos russisch. Nachdem Rußland die Rolle des Beschützers der gesamten Orthodoxie übernommen hatte, versorgte es griechische Klöster in großem Umfang mit Altargeräten, Handschriften und Ikonen, und ebenso wie das Kloster auf dem Berg Athos und die Klöster in Jerusalem erhielt auch das Sinaikloster seinen Anteil an diesen oft sehr prunkvollen Gaben. Doch wie überall in der orthodoxen Welt beeinträchtigte der zunehmend stärkere Einfluß der westlichen Kunst seit dem 18. Jahrhundert allmählich die Kunst der Ikonenmalerei. Der vorherrschende Naturalismus ließ sich nicht mit dem geistigen Gehalt der Ikonen vereinbaren, die mit abstrakteren Formen das Göttliche und Jenseitige schildern.

Der Ikonenschatz wird erst seit verhältnismäßig kurzer Zeit angemessen gewürdigt, denn frühere Besucher und Gelehrte interessierten sich hauptsächlich für die *Bibliothek,* die weltberühmt wurde, nachdem Konstantin Tischendorf in den vierziger Jahren des vergangenen Jahrhunderts hier eine der ältesten, fast vollständigen Bibelhandschriften aus dem 4. Jahrhundert, den Codex Sinaiticus, entdeckt hatte. Über den sensationellen Fund und seine Überlassung an Rußland wurde viel geschrieben. Das Kloster rechnete mit seiner Rückgabe, aber Rußland behielt ihn und bezahlte eine gewisse Summe dafür. Nach dem Ersten Weltkrieg wurde der Codex an Großbritannien verkauft und befindet sich jetzt in der British Library. Nach einem Brand im Georgsturm des Sinaiklosters wurde kürzlich ein zugemauerter Raum entdeckt und darin über 70 Kisten mit beiseite gelegten Fragmenten von meist sehr frühen Handschriften und Papyrusrollen. Darunter sollen auch, wie berichtet wurde, acht weitere Seiten des Codex Sinaiticus gefunden worden sein.

Diese Bibelhandschrift beweist, daß dem Kloster bei seiner Gründung auch Schriften übergeben wurden, die aus der Zeit vor Justinian stammten. Bald nach der Gründung muß im Kloster die Herstellung eigener Handschriften begonnen haben, hauptsächlich liturgische Bücher, die man für den Gottesdienst brauchte. So nimmt es kaum wunder, daß eine erhebliche Anzahl von Handschriften neutestament-licher Bücher und Psalterien erhalten ist, und zwar in der sehr frühen Unzialschrift. Die Manuskripte sind auf viel kräftigerem Pergament geschrieben als die Handschriften aus der Hauptstadt oder anderen kulturellen Zentren, und sie sind vom vielen Gebrauch stark mitgenommen.

Die Bestände der Bibliothek spiegeln wie die Ikonensammlung das Wachstum und Schicksal des am Kreuzungspunkt vieler Kulturen errichteten Klosters wider. Zuzeiten lebten syrische, arabische, georgische, lateinische und slawische Mönche auf dem Sinai, zusammen mit der griechischen Mehrheit der Mönche, von denen viele unter Moslemherrschaft aufgewachsen waren und wahrscheinlich besser Arabisch als Griechisch sprachen. Dies erklärt die zweisprachigen liturgischen Bücher in Griechisch und Arabisch. Die weitaus größte Zahl der Manuskripte, über zweitausend, sind griechisch geschrieben. Etwa siebenhundert arabische Manuskripte sind vorhanden, ausschließlich christliche, meist liturgische und patristische Texte. Wir zählen annähernd dreihundert syrische, etwa hundert georgische und vierzig slawische Handschriften. Erstaunlicherweise findet sich nur eine lateinische Handschrift, ein Psalter aus dem 10. Jahrhundert, der irrtümlich als Slavonicus 5 klassifiziert wurde. Zweifellos benötigten aber die lateinischen Mönche, die zur Zeit der Kreuzzüge im Kloster lebten, ebenso eigene liturgische Bücher wie die anderen Mönche. Der Verlust der lateinischen Handschriften läßt sich nur durch absichtliche Zerstörung erklären, wahrscheinlich nach dem 16. Jahrhundert, als der slawische Einfluß sehr stark wurde. Beweis dafür ist, daß zahllose zerschnittene lateinische Seiten zum Ausbessern beschädigter Bücher in anderen Sprachen verwendet wurden.

148 ff.

Wo wurden die Bücher ursprünglich aufbewahrt? Da es meist Bücher für den Gottesdienst waren, ist anzunehmen, daß sie in der Nähe des Altarraums, wo sie gebraucht wurden, untergebracht waren. An der Ostseite des südlichen Seitenschiffs befindet sich eine alte, heute unbenutzte Sakristei, die vom Altarraum aus unmittelbar zugänglich und zweistöckig ist. Obwohl es sich nicht beweisen läßt, wurden die Bücher vermutlich dort aufbewahrt. Als dann die Aufklärung auch bis in diesen fernen Winkel der Welt vordrang, wurde 1743 eine Bibliothek im modernen Sinn erbaut. Als aber der Zustrom der Gelehrten einsetzte, genügte sie wohl nicht mehr, und die Bestände wurden in einen Doppelraum bei der oberen Panagia-Kapelle verlegt. Die Benutzer durften nicht an die Regale herantreten, sondern die Bücher befanden sich hinter einem Schutzgitter und wurden ihnen ausgehändigt. Schließlich wurde aus Sicherheitsgründen zwischen 1930 und 1942 eine neue, geräumige Bibliothek in dem großen Betonflügel, der heute die Südwestseite des Klosters einnimmt, eingerichtet.

Die ersten Jahrhunderte nach der Moslemherrschaft scheinen eine schwere Zeit gewesen zu sein. Zwischen dem 7. und 9. Jahrhundert und weit in das 10. Jahrhundert hinein, entstanden Bücher, die sehr einfach ausgeschmückt sind. Im Gegensatz dazu ist ein Evangelienlektionar, das 967 n.Chr. datiert ist und dem Kolophon zufolge auf dem Berg Horeb, d.h. Sinai, geschrieben wurde, üppig verziert mit Ornamenten, die den 149 Einfluß der Arabeskenkunst und eines orientalisierenden Tierstils verraten; dieser geht, wie die Zeichnung eines Greifen eindeutig beweist, auf die Sassanidenkunst zurück. Zur selben Zeit kamen Manuskripte aus Konstantinopel, die zu den schönsten der byzantinischen Kunst zählen, beispielsweise ein Evangelienlektionar, das um das Jahr 1000 entstand und dessen Text Seite um Seite mit goldenen Unzialen geschrieben und mit Miniaturen des stehenden Christus, der Jungfrau Maria, der vier Evangelisten und eines Mönchs Peter von Monabata verziert ist. Diese höchst verfeinerten Gestalten verbinden die durch entmaterialisierte Körper ausgedrückten geistigen Eigenschaften mit dem klassischen Erbe der meisterlichen Darstellung der Drapierungen und der freien Bewegung – eine Verbindung, die nur Byzanz zu seinen besten Zeiten vollbrachte. Am häufigsten treten natürlich die Miniaturporträts der Evangelisten auf, und auch in Sinaihandschriften finden sie sich in großer Anzahl. Im folgenden seien vier hervorragende Manuskripte mit größeren Miniaturenzyklen kurz beschrieben.

Unter den alttestamentlichen Manuskripten befindet sich ein 150–153 prunkvoller Kodex, in dem auch das Buch Hiob enthalten ist. Auf den breiten Rändern steht die ausführliche Katene des Olympiodoros. Nebst den Psalterien ist das Buch Hiob das am häufigsten illustrierte Buch der Septuaginta, weil sein kontemplativer Inhalt und seine literarische Qualität die orthodoxe Welt besonders ansprachen. Die Kopie im

Sinaikloster stammt vom Ende des 11. Jahrhunderts und unterscheidet sich stilistisch von allen anderen Hiobmanuskripten. Sie ist wahrscheinlich entweder in Konstantinopel selbst oder unter dem Einfluß der Hauptstadt entstanden. Der Illustrationsstil ist ziemlich asketisch – eine deutliche Reaktion auf den die Klassik nachahmenden Stil des 10. Jahrhunderts, d. h. der Zeit der makedonischen Dynastie. Die Illuminatoren des Hiobbuches fühlten sich hauptsächlich von den ersten beiden Kapiteln angezogen, die die Schicksalsschläge des großen Leidenden in allen Einzelheiten erzählen. Wir sehen das Festmahl seiner Kinder und ihren Untergang, den schwärenbedeckten Hiob auf dem Dunghaufen, die Reisen seiner drei Freunde, die ihn in langen Gesprächen auf die Probe stellten.

Das prächtigste Manuskript der Sinaibibliothek ist eine Sammlung der 16 liturgischen Homilien des Gregor von Nazianz. Es wurde um die Mitte des 12. Jahrhunderts im kaiserlichen Pantokratorkloster in Konstantinopel geschrieben und illuminiert. Auf der Titelminiatur schreibt der in dunkle Mönchsgewänder gekleidete Kirchenvater seine Homilien. Die reich verzierte Umrahmung verbindet bauliche Elemente mit Marmoreinlegearbeiten aus Kirchenräumen auf höchst dekorative Weise. Jeder Homilie ist eine Miniatur vorangestellt, die entweder ein christologisches Fest oder den predigenden Gregor oder Szenen aus seinem Leben schildert. Sämtliche Miniaturen sind von breiten Rahmen umgeben, die einen prunkvollen Dekor aus kunstvoll verschlungenen Blüten und Rosetten aufweisen. Schließlich entfaltete der Illuminator eine unerschöpfliche Phantasie bei den zahllosen Initialen, zu denen er Vögel und Vierfüßer in ungewöhnlichen, der Form der Buchstaben angepaßten Stellungen verwendete.

148,154, 158, 163

163

154

148

Oben war von der Ikone mit der Himmelsleiter des Johannes Klimakus die Rede, die auf eine Illustration des unter diesem Titel bekannten erbaulichen Traktats zurückgeht. Die Sinaibibliothek besitzt ein ebenfalls aus dem 12. Jahrhundert stammendes Manuskript, das zusätzlich zu der Leiterdarstellung für jedes der 30 Kapitel, die

117

155, 156, 159, 160 Leitersprossen entsprechen, eine Miniatur aufweist. Wir sehen die Mönche in ihrem Streben nach Tugend wie auch als Opfer der Versuchung und gewinnen auf diese Weise Einblick in ihr Denken und Leben, wie sie beten, wie sie Ikonen verehren, wie sie bei Lampenlicht Bücher schreiben usw. Wie die Gestalten des Hiobmanuskripts sind die Mönche sehr klein mit fast gewichtslosen Körpern auf Goldgrund dargestellt, als seien sie schon dieser Welt entrückt. Und wie im Gregormanuskript besitzt jede Miniatur eine breite Umrahmung, die mit zierlichen Blütenblätterornamenten von großer Vielfalt geschmückt ist. Daß dieser Mönchstraktat auf dem Sinai besonders beliebt war, geht aus einer im 17. Jahrhundert von Thabit, einem christlichen Mönch aus 115 Hama in Syrien, verfertigten arabischen Kopie hervor. Hier sehen wir, wie auf der Ikone, das Bild der Leiter mit den emporklimmenden und herabstürzenden Mönchen und dazu einen Hinweis auf den Ort: das Sinaikloster und die Gottesmutter des Brennenden Dornbuschs.

164–167 Als viertes Manuskript sei der Kodex der sogenannten »Christlichen Topographie« des Kosmas Indikopleustes (Indienfahrer) aus dem 11. Jahrhundert genannt. In dieser das ptolemäische Weltbild angreifenden Abhandlung vertritt der Verfasser die Ansicht, daß die Erde flach sei, und zieht zum Beweis Bibelzitate heran. Die Miniaturen gehören zwei unterschiedlichen Bereichen an. Zum einen handelt es sich um biblische Ereignisse, deren Darstellung offenkundig aus biblischen Hand- 167 schriften kopiert wurde, so der Auszug der zwölf Stämme Israels mit der Bundeslade aus der Wüste Sinai (4. Mose 10). Zum anderen sind es schematische Bilder der flachen Erde mit einem hohen Berg, hinter dem die Sonne unter- und aufgeht. Über der Erde wölbt sich der Himmel in 164 Form von Noahs Arche. Diese merkwürdigen Konstruktionen wurden selbstverständlich vom Illuminator der ersten Handschrift im 6. Jahrhundert erfunden, also zu der Zeit, als Kosmas in Alexandria lebte.

Im Vergleich zu dem Reichtum und der Vielfalt von Ikonen und illuminierten Handschriften finden sich auf dem Sinai nicht so viele wertvolle liturgische Gegenstände, wie man es bei einem wohlhabenden

Kloster erwarten würde. Wahrscheinlich wurden zahlreiche Gegenstände aus Edelmetall, die es sicher früher hier einmal gab, gestohlen, eingeschmolzen, hohen Besuchern zum Geschenk gemacht oder sogar verkauft. Unter den erhaltenen Stücken sind jedoch einige durchaus erwähnenswert. Ein großes Bronzekreuz aus der Gründungszeit des Klosters wurde durch Zufall gefunden. Es trägt eine Inschrift in schönen Buchstaben und eine eingravierte Zeichnung von Moses, wie er die Schuhe auszieht und die Gesetzestafeln in Empfang nimmt. Das Kreuz steht auf der späten Ikonostase in der Kapelle der Vierzig Märtyrer (der heiligen Väter), und erst, als ich es von einer Leiter aus genau untersuchte, wurde die zarte Gravierung entdeckt. Die Darstellung läßt darauf schließen, daß dieses Kreuz einst die Hauptikonostase des Altarraums schmückte und daß die geschilderten Mosesszenen mit den Bildern der Mosaiken über der Apsis in Verbindung standen.

Leider sind aus der mittelbyzantinischen Zeit (843–1204), aus der so prachtvolle Ikonen und Handschriften erhalten sind, sonst keine bedeutende Gegenstände mehr vorhanden. Dagegen finden sich einige Stücke aus der Zeit der Kreuzzüge, so ein Kristallkreuz aus Murano (Venedig) und, am großen Eingangsportal angenagelt, ein Emailbild des thronenden Christus, das aus Limoges stammt. Die fortdauernden Beziehungen des Sinaiklosters zum Westen zeigen sich in einem schönen gotischen Kelch in Silber und Gold mit Emaileinlagen. Die Widmungsinschrift besagt, daß König Karl VI. von Frankreich ihn im Jahr 1411 dem Katharinenkloster schenkte; die französische Lilie ist vielfach auf dem ganzen Kelch eingraviert – eine wahrhaft königliche Gabe. ¹⁴⁰

Einige bemerkenswerte islamische Kunstwerke erinnern daran, daß der Sinai auch für die Mohammedaner eine heilige Stätte ist, und daß die aus der Fatimidenzeit stammende Moschee bei der Kirche heute noch benutzt wird. Darin befindet sich eine kunstvolle Kanzel (Mimbar) und ein Koranpult (Kursi), beide mit hübschen Holzschnitzereien verziert. Auf der Empore sehen wir ein schönes bronzenes Aquamanile, ebenfalls aus der Fatimidenzeit (10.–12. Jahrhundert). ¹⁴¹

Wenn der Klosterschatz, von dem die meisten Stücke heute in der Galerie im neuen Trakt ausgestellt sind, immer noch den Eindruck der Üppigkeit vermittelt, beruht dies fast ganz auf den vielen Gaben, die die Russen vom 17. bis 19. Jahrhundert dem Kloster schenkten und die oft eher prunkvoll als künstlerisch wertvoll sind, wenngleich dieses Urteil der Einschränkung bedarf. Wir bewundern einige hervorragende russische Schmuckstücke, wie sie in den Goldschmiedewerkstätten des Kremls geschaffen wurden, beispielsweise ein Enkolpion mit einer schön geschnittenen Kamee der heiligen Katharina in einem perlenbesetzten Emailrahmen.

Trotz aller Verluste ist das Katharinenkloster auf dem Sinai mit seinen Mosaiken, Ikonen, Handschriften und Kunstgegenständen nach wie vor ein einmaliges Schatzhaus, das Meisterwerke aus fast allen Jahrhunderten aufbewahrt. Sie haben viel zur Vervollständigung unseres Gesamtbildes von der byzantinischen Kunst beigetragen.

139

170 Ephgenios, der Ekonomos des Klosters, blättert versunken in einem Buch. Bei allen unseren Arbeiten war jeweils ein Mönch als Aufsichtsperson anwesend, diese Zeit nutzten die Mönche zum Lesen.

172

171 Säcke mit Ge-
treide werden von den
Beduinen über den
Aufzug ins Kloster
geschafft.

172 Die Mönche beim
Verlesen des Weizens,
einer Arbeit, die etli-
che Tage in Anspruch
nimmt. Sack für Sack
wird das Getreide auf
einen Tisch geleert
und genauestens nach
Steinchen durchsucht,
da es schon vorgekom-
men ist, daß sich je-
mand am Klosterbrot
einen Zahn ausge-
bissen hat.

173

174

173 Die uralte Getreidemühle, mit der auch heute noch Weizen gemahlen wird.

174 Die vorgeformten Brote werden auf Brettern gestapelt.

175 Mönche und Beduinen formen aus dem Brotteig lange Rollen, die dann in Stücke geschnitten und von Hand zu kleinen Laiben geformt werden.

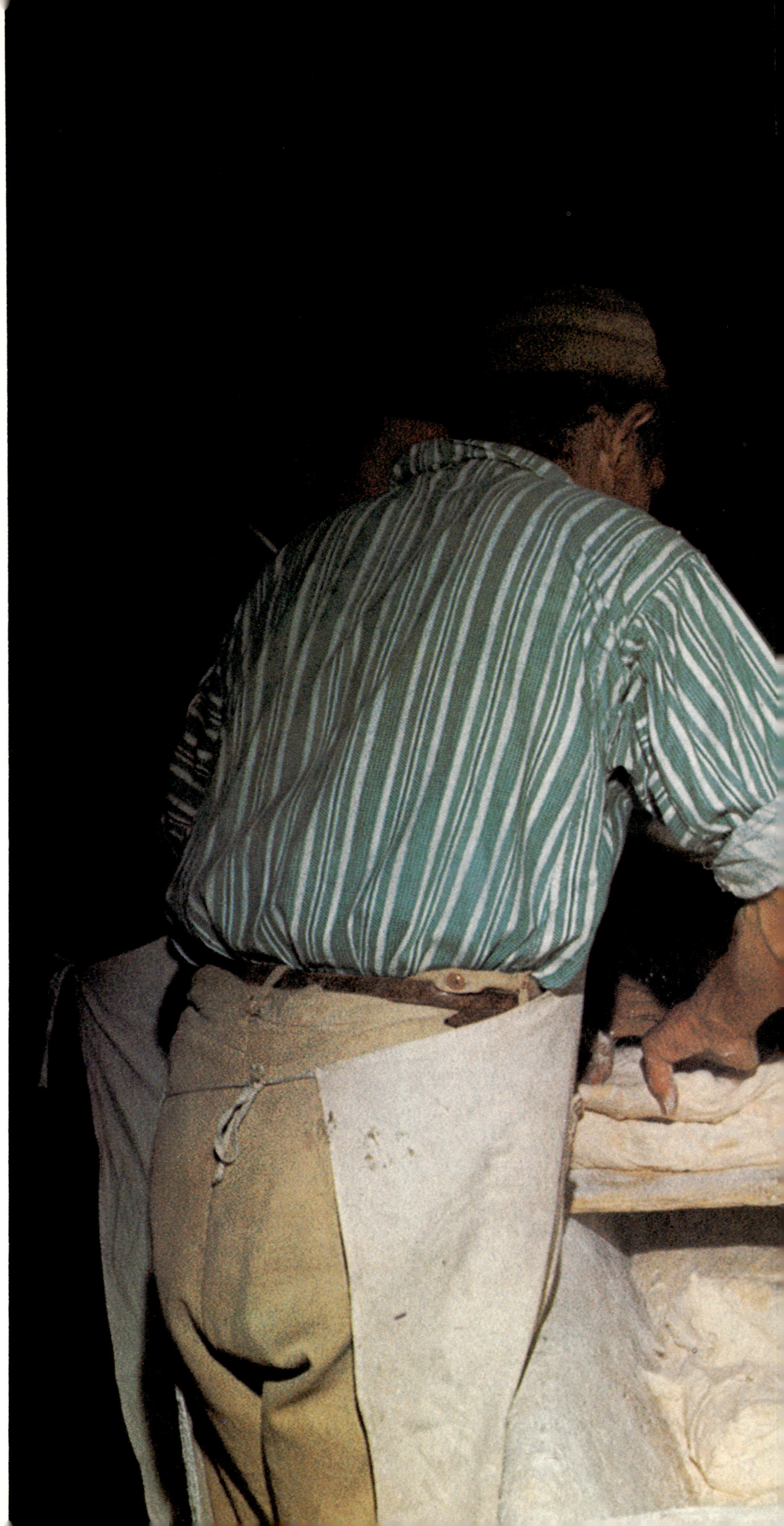

175

177

176 Die Brote werden im klostereigenen Backofen gebacken.

177 Ein Teil der Brote wird mit alten Holzmodeln verziert, um später im Gottesdienst Verwendung zu finden.
Oben: Brot, verziert mit einem Model, das die Gottesmutter Maria darstellt.
Unten links: Darstellung des Brennenden Dornbuschs.
Unten Mitte: Zwei Model mit dem Bild der heiligen Katharina.
Unten rechts: Model mit einer Ansicht des Katharinenklosters.
Oben rechts: Zwei Model mit Schmuck-Initialen.

178 Der derzeitige
Erzbischof, seine Hei-
ligkeit Damianos, der
üblicherweise in Kairo
residiert.

179 Vater Jeremias
am Kirchenportal.

180 Vater Nikandros,
der Oberste im Sinai-
kloster.

181 Vater Ephgenios,
der Ekonomos, ver-
antwortlich für den
Haushalt.

179

182 Vater Dionysios,
der Gästemönch, der
sehr aktiv an der
Expeditionsarbeit
beteiligt war.

183 Vater Andreas,
immer guter Laune.

184 Vater Spiros, der
jeden Tag die Kirch-
glocken läutet.

185 Ein junger
Mönch, ein Grieche
aus Alexandria.

186

186 Seine Heiligkeit
Porphyrios III., der in-
zwischen verstorbene
Erzbischof vom Sinai,
der von 1926 bis 1968
dieses Amt bekleidete.

187 Nach dem Got-
tesdienst diskutieren
einige Mönche mitein-
ander an der Treppe
zur Kirche. In die Stu-
fen ist der Name Jako-
bus eingemeißelt.

188

189

188 Nur wenigen Würdenträgern des Klosters ist es vergönnt, nach ihrem Tode in einer dieser Nischen im Beinhaus aufbewahrt zu werden.

189 Der Klosterfriedhof umfaßt nur wenige Gräber. Aus diesem Grunde wird beim Tod eines Mönchs jeweils der am längsten Begrabene wieder exhumiert und dann ins Beinhaus gebracht. Das trockene Klima verhindert eine Verwesung, die Körper trocknen in den Gräbern aus. Später wird die »Mumie« sorgfältig zerlegt und die Knochen auf die jeweils dafür vorgesehenen Stapel geschichtet. Damit verschwindet der Einzelne endgültig in der Anonymität.

190 Stephanos, ein Mönch aus dem 6. Jahrhundert, der zu Lebzeiten Wächter am Torbogen zum Mosesberg war, hält die ewige Wache am Eingang des Beinhauses.

191 Beduinen warten
mit ihren Kamelen vor
dem Kloster auf
unsere Expedition, um
uns auf den Horeb
(Mosesberg) zu
führen.

192 Das Beduinen-
mädchen wird bald er-
wachsen sein und das
Gesicht für den Rest
seines Lebens hinter
einem Schleier ver-
bergen.
192

193 Die jüngste
Tochter unseres Be-
duinen Saad führt hier
in der Wüste ein kar-
ges, aber unbeschwer-
tes Leben.

193

191

194

195

194 Drei Beduinen
beim Gespräch in der
Wüste.

195 Saad, unser Dun-
kelkammer-Spezialist.

196 »Ful«, ein Boh-
nengericht, die Haupt-
nahrung der Beduinen
im Sinai, daneben
Fladenbrot.

197 Brotbacken nach
Beduinenart. Auf ein
Stück Blech, das über
die Glut gelegt wird,
wird ein dünner, von
Hand ausgewallter
Mehlteig gelegt. Nach
fünf bis zehn Minuten
ist das köstlich
schmeckende Brot
fertig gebacken.

196

198 Links die Mutter, rechts die Frau von Saad. Deutlich sieht man, wie das Kopftuch über einen nach vorn geknüpften Zopf gelegt wird. Je älter die Frauen, und je größer ihr Ansehen, desto mehr Gesichtsschmuck tragen sie.

199 Der Autor stellt eine Ikone für eine Freilichtaufnahme vor einer Kapelle des Klosters auf.

200 Ikonen-Fotografie mit Elektronenblitzen und Großkamera in einer Kapelle des Klosters.

201 Saad beim Entwickeln von Farbfilmen in unserer Dunkelkammer im Kloster.

202 Unsere Arbeit in der Bibliothek. Rechts werden Manuskripte fotografiert, links Ikonen. Die Elektrizität dafür stammt aus einem Benzin-Stromgenerator der Expedition (2500 Watt).

199

200

201

202

203 Professor Kurt Weitzmann in einer Diskussion über eine Ikone mit Erzbischof Porphyrios III. (Mitte).

203

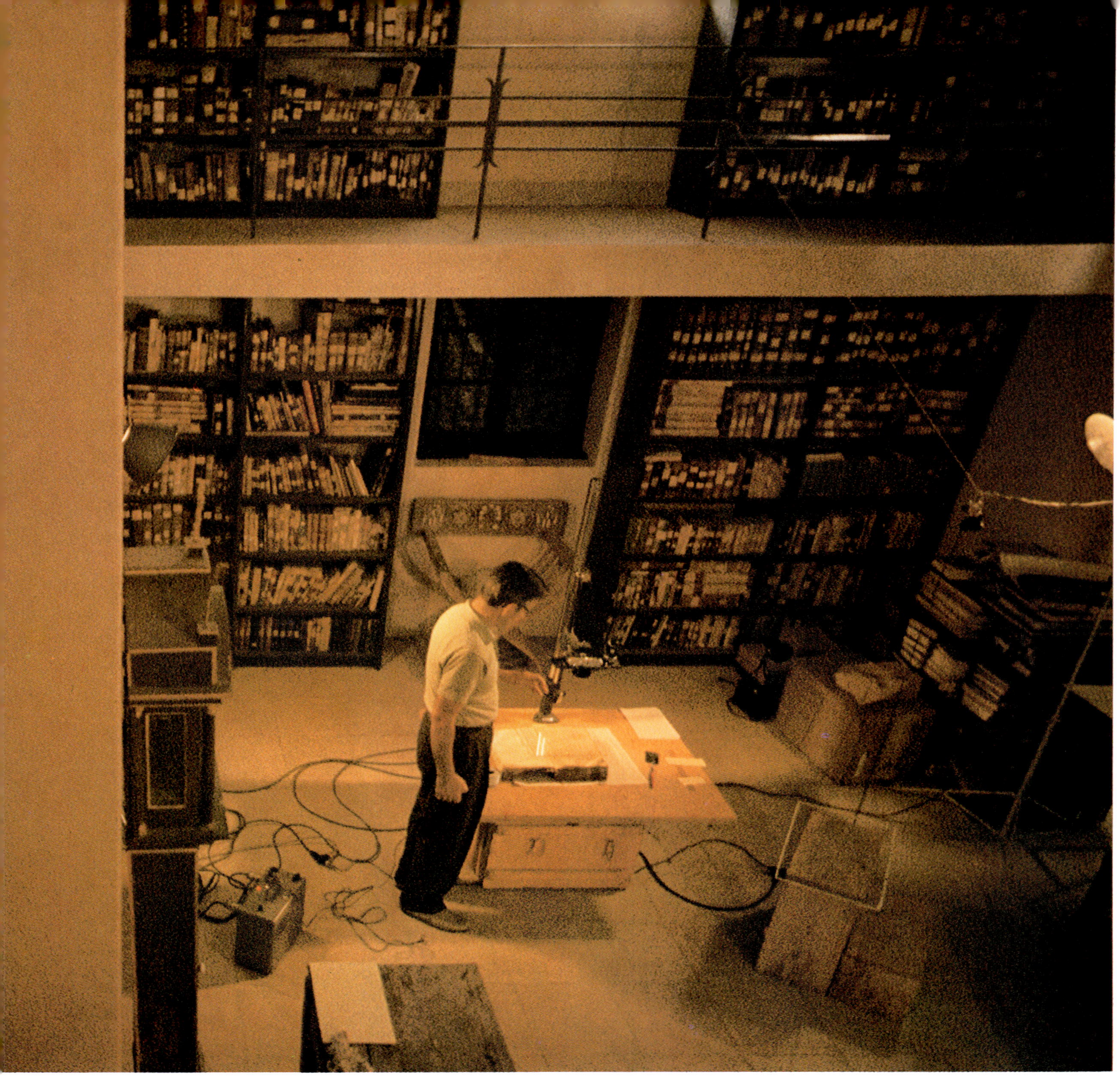

204

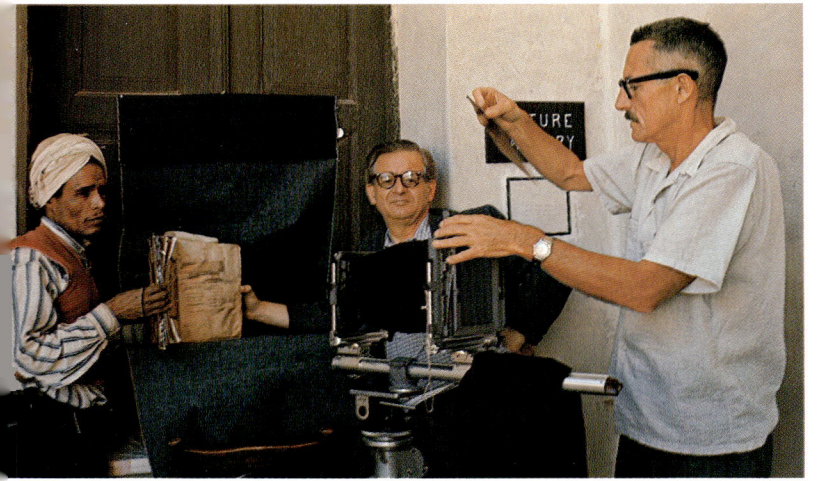

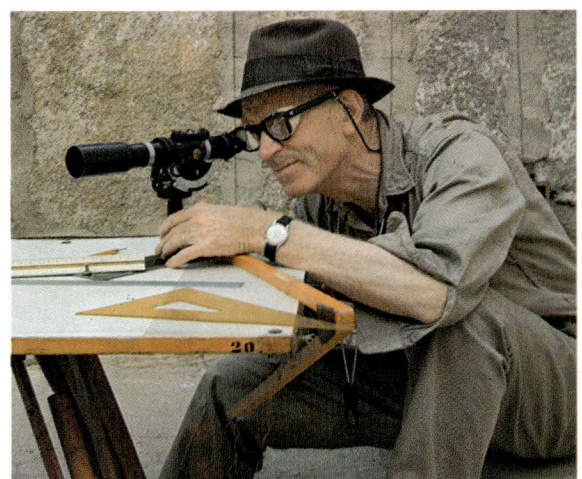

204 Freilichtaufnahme einer frühen Handschrift. Von links nach rechts: Moussa, mein Helfer, Professor Weitzmann (Princeton) und Fred Anderegg, Chef-Fotograf.

205 Professor George H. Forsyth, Architekt (Director Kelsey Museum, Michigan University), beim Vermessen des Klosters.

205

206 Eine Aufnahme des Sternenhimmels. Die Kamera ist nach Norden auf den Polarstern gerichtet. Bei einer Belichtungszeit von sechs Stunden wurden die Sterne als Kreissegmente aufgezeichnet. Der dünne, helle Strich von links unten nach rechts oben ist ein Durchgang des amerikanischen Ballonsatelliten »Echo I«, rechts unten die Silhouette des Sinaigebirges. Eine Aufnahme, die dank der staubfreien, klaren Wüstenluft möglich war.

207 Der Komet Ikeya-Seki, der für längere Zeit (1965) morgens gegen vier Uhr im Osten sichtbar wurde. Wie ein biblisches Wahrzeichen stand diese Himmelserscheinung am Firmament.

Anhang

Anmerkungen

1 Englische Übersetzung von M.L. McClure und G. Herbert in: M.L. McClure und C.L. Feltoe, *The Pilgrimage of Etheria* (London 1920); Berg Sinai vgl. S. 1–11. Deutsche Übersetzung nach dem Englischen.

2 *De aedificiis* V. viii. 1. 4–9. (Englische Übersetzung H. B. Dewing und G. Downey, *Procopius*, VII, *Buildings* [Loeb Classical Library, 1954], S. 355, 357). Deutsche Übersetzung nach dem Englischen.

3 *Est eciam in capitello eiusdem monasterii locus, ubi rubus stabat, ab omnibus tam Sarracenis quam Christianis veneratus … Rubus quidem sublatus est et inter Christianos pro reliquiis distractus …* (Mag. Thietmari Peregrinatio. Ad fidem codicis Hamburgensis. Hg. von J.C.M. Laurent [Hamburg 1857]. Deutsche Übersetzung nach dem Englischen. Laurent merkt an, daß das *capitello* das *capitio*, d. h. *presbyterio* ist, *ubi altare situm est* (op. cit., Anm. 503). Wenn es möglich wäre, an dem einstigen Standort des Dornbuschs zu graben, würde man vielleicht einige Spuren der ursprünglichen Umbauung finden, zum Beispiel gemauerte Einfassungen, Geländer usw. Begreiflicherweise lassen aber die Mönche keine Ausgrabungen im Klosterbezirk zu, und schon gar nicht unter dem Fußboden der Dornbuschkapelle.

4 *De aedificiis* II. ix. 4–5 (Loeb S. 157; vgl. Anm. 2). Deutsche Übersetzung nach dem Englischen. Prokop bezieht sich auf die vor der Zeit Justinians errichtete Mauer von Rusafa (Sergiopolis).

5 Nach dem Vortrag wurde gefragt, ob der Baumeister nicht eine Lösung hätte finden können, bei der die Kirche mindestens auf der Hauptachse, wenn nicht gar im Mittelpunkt der Befestigung hätte gebaut werden können. Diese Frage ist wert, daß man darüber nachdenkt. Die Antwort ist, wie ich meine, daß ein in der römischen Tradition stehender Baumeister es wahrscheinlich irgendwie so gemacht hätte, daß aber der Sinai-Plan von einem der griechischen Tradition verpflichteten Entwerfer erstellt wurde. Im Umgang mit großen, bedeutenden Gebäudekomplexen ist die griechische Tradition flexibler und organischer als die römische; ihr liegt mehr an den wechselnden Standpunkten und der Lebendigkeit der diagonalen Planung (Delphi, die Akropolis in Athen u. a.) als an gesetzmäßig symmetrischer Ausgewogenheit, wie sie den militärischen und gesetzlichen Vorstellungen der Römer entsprach. Angesichts der Gegebenheiten des Bauplatzes am Sinai wäre ein römischer Baumeister vielleicht geneigt gewesen, den Plan eines Römerlagers anzuwenden und das befestigte Rechteck entgegen dem Uhrzeigersinn zu drehen, damit das Haupttor auf die Achse der Kirche ausgerichtet gewesen wäre. Wie schon erwähnt, hätte bei einer solchen Lösung die Nordostecke des Rechtecks weit in den Talgrund hineingereicht, so daß ein großer Schutzwall, ein richtiger Damm, an dieser Ecke hätte errichtet werden müssen. Der Entwerfer fand einen typisch griechischen Ansatz. Er zog es vor, der natürlichen Gestalt des Tales nicht zuwiderzuhandeln, sondern sie einzubeziehen. So kam es zu dem diagonalen abschüssigen Zugang vom Haupteingang zur Kirche. Eine solche ungezwungene, abwechslungsreiche Konzeption wirkt nicht dramatisch, veranlaßt aber zu überlegter Würdigung einer baulichen Gesamtanlage und ihrer Bedeutung.

6 Dem oberflächlichen Blick bieten sich die Wände als Quadermauern dar, bestehend aus sorgfältig geglätteten und gekanteten Blöcken mit verschiedenen Längen, einer durchschnittlichen Höhe von 0,60 m und bündigen Fugen, die vorsichtig ausgefüllt, abgestrichen und dann mit einem scharfen Werkzeug nachgezogen wurden, so daß ein Rechteckgitter aus den Umrissen der Quader entstand. In Wirklichkeit sind die Steine nur an der Vorderseite fein bearbeitet; die eigentlichen großen Fugen hinter der Füllung sind roh behauen und mit Kieseln und Steinsplittern geschlossen. Das Innere der Mauer, zwischen den nach außen behauenen Quadern, besteht aus Bruchstein in reichlich Mörtel, fast Gußmörtel. Der Mauerbau entspricht daher genau der 500 Jahre älteren Beschreibung des Vitruv in der römischen Version von ἔμπλεκτον (Buch II, Kap. vii, 7).

7 *Visit to the Holy Places of Egypt, Sinai, Palestine and Syria in 1384 by Frescobaldi, Gucci and Sigoli,* ins Englische übersetzt von T. Bellorini und E. Hoade (Publications of the Studium Biblicum Franciscanum No. 6, Jerusalem 1948), S. 59, 112. Deutsche Übersetzung nach dem Englischen.
»Dort erblickt man eine schöne, große Kirche, die mit Blei bedacht ist …« Diese Bemerkung über die Sinai-Kirche stammt aus dem Jahr 1658 *(Thevenot's Travels into the Levant,* in: John Harris, *Navigantium atque Itinerantium Bibliotheca* [London 1705], Lib. II, Kap. IX, S. 433). 1851 trug das Mittelschiff ein Bleidach, wie aus einer Photographie hervorgeht, die der Großvater von Mr. A. H. S. Megaw in jenem Jahr aufgenommen hat. Mr. Megaw bin ich zu größtem Dank verpflichtet für die Überlassung eines Abzugs dieses wertvollen Erinnerungsstücks, das mit ziemlicher Sicherheit die älteste erhaltene Photographie der Kirche ist. Diese war möglicherweise mit Blei gedeckt wie die Grabeskirche in Jerusalem, die Eusebius zufolge mit diesem Material bedacht war (H. Vincent und F.-M. Abel, *Jérusalem,* II [Paris 1914], S. 159, 208). Als mögliche Alternative zur Bleibedachung könnte die Sinai-Kirche ursprünglich auch ein Dach aus Ziegeln *(tegulae* und *imbricis)* getragen haben, wie sie zu jener Zeit allgemein für die Kirchen in Zentralsyrien verwendet wurden (H. C. Butler, *Early Churches in Syria,* herausgegeben und ergänzt von E. B. Smith [Princeton 1929], S. 199), aber die sehr zahlreichen Ziegel, die man zur Bedachung der Sinai-Kirche benötigt hätte, wären zweifellos nicht völlig untergegangen. An einem so weit ab gelegenen Ort, wo jedes Stück von eingeführtem Baumaterial stets kostbar war, wären wenigstens die *tegulae* sorgfältig aufbewahrt und bei späteren Bauten als Backsteine verwendet worden. Ich habe jedoch an keiner Stelle im Klosterbezirk Spuren wiederverwendeter Ziegel gefunden. Die massiven Balken des Tragwerks über dem Mittelschiff scheinen dafür angelegt gewesen zu sein, dem Druck einer solchen Last von Blei, die sie letztlich tragen mußten, standzuhalten. Ein modernes Dach aus verzinktem Eisenblech bedeckt heute das Mittelschiff und die Seitenschiffe; die beiden Kuppeln am östlichen Kirchenabschluß und die Flachdächer der Seitenkapellen sind zementiert; das Dach der Apsis besteht noch aus Bleiplatten auf Leisten, die unmittelbar auf der aus Granitquadern gebauten Halbkuppel aufliegen.

8 Die Texte der drei Inschriften stehen in einer bereits erschienenen Veröffentlichung von Professor Ihor Ševčenko, die seine diesbezügliche umfassende Studie in den folgenden Bänden über das Kloster vorwegnimmt (I. Ševčenko, »The Early Period of the Sinai Monastery in the Light of its Inscriptions«, *Dumbarton Oaks Papers,* 20 [1966], S. 255–264). Bei der Inschrift, die Stephanos von Aila betrifft, erhebt sich die Frage, ob seine berufliche Qualifikation mit »Erbauer« bzw. »Architekt« oder »Baumeister« richtig zu übersetzen ist (in der Inschrift wird er als τέκτονα bezeichnet). Ohne den Ergebnissen von Professor Ševčenkos künftigen Untersuchungen vorgreifen zu wollen, wird es wohl besser sein, den Ausdruck »Baumeister« zu verwenden, da er weniger an das moderne Verständnis von Architekt erinnert (vgl. Downey, S. xiv–xv in der Einführung zu *De aedificiis* wie oben in Anm. 2 angegeben). Zu den Fähigkeiten und zum Stand, auch zu möglichen kirchlichen Würden syrischer Baumeister vgl. J. Lassus, *Sanctuaires chrétiens de Syrie* (Paris 1947), S. 262–264.

9 Ernst Kitzinger, »Mosaics at Nikopolis«, *Dumbarton Oaks Papers,* 6 (1951), S. 101 ff.

10 An anderem Ort habe ich vorgetragen, daß dies möglicherweise auch für die ursprüngliche Anlage des Peterdoms in Rom zutrifft (»The Transept of Old St. Peter's at Rome«, *Late Classical and Mediaeval Studies in Honor of Albert Mathias Friend, Jr.* [Princeton 1955], S. 65). Zu einem späteren, wahrscheinlich ins 5. Jahrhundert zu datierenden Beispiel vgl. dort Abb. 48; bei Ausgrabungen wurde festgestellt, daß sich die *schola cantorum* von der Apsis bis mindestens in die Mitte des Mittelschiffs erstreckte. Zum Ganzen vgl. R. Krautheimer, *Early Christian and Byzantine Architecture* (Harmondsworth 1965), S. 76, 159.

11 A. H. M. Jones, *The Later Roman Empire, 284–602. A Social, Economic, and Administrative Survey* (University of Oklahoma Press 1964), II, S. 837 ff. 1015.

12 Ein Rezensent dieser Ausführungen stellte fest, man hätte eine zu scharfe Trennung zwischen der Kloster- und der Wallfahrtsfunktion der Kirche vorgenommen, während doch ein ikonographisches Bindeglied vorhanden sei, da der Brennende Dornbusch als Prototyp der Metamorphose gegolten habe und noch gelte. Ein solcher Kommentar verhilft dazu, die Bedeutung der Funktionen richtig gegeneinander abzuwiegen und die beabsichtigte Beziehung zwi-

schen ihnen herzustellen. Zumindest zog der Brennende Dornbusch und die Wallfahrt dorthin nicht das alleinige Interesse auf sich wie in Qal 'at Sim 'ān, wo die Verehrung der Säule, auf der der heilige Symeon einst gesessen war, an Fetischismus grenzte und weit entfernt war von den erhabenen christlichen Unterweisungen, die in den Mosaiken der Sinai-Kirche so feinsinnig zum Ausdruck kommen. Der Brennende Dornbusch spielt eine Rolle auf diesen Mosaiken, aber nur eine untergeordnete, während Moses einen bedeutenden Platz gleich hinter der Vorrangstellung Christi einnimmt. Moses ist die einzige Gestalt, die dreimal abgebildet ist: Zum einen ist er dargestellt, wie er beim Brennenden Dornbusch von Gott berufen wird, zum anderen, wie er auf dem Gipfel des Berges Sinai von Jahwe die Gesetzestafeln als sichtbares Zeichen des Bundes mit Israel empfängt, und zum dritten sehen wir ihn in der Apsis als Zeugen für Gottes neuen Bund mit der Menschheit durch Christus. Die beiden ersten Begebenheiten ereigneten sich in der Nähe und verdienten zweifellos eine Gedenkstätte. Justinian baute nicht nur das Kloster beim Brennenden Dornbusch, sondern errichtete auch auf dem Gipfel des Berges eine Kapelle, die heute völlig umgebaut ist, aber wiederverwendete architektonische Bauelemente aufweist, die eindeutig aus Justinians Zeit stammen. Diese zwei Gedächtniskirchen bezeugten wie steinerne Dokumente zwei Ereignisse in Gottes Heilsplan. Der Plan selbst jedoch wurde in seinem ganzen Ausmaß über dem Hochaltar der Mönche in der Kirche, die Justinian ihnen baute, dargestellt, »damit sie dort ihr Leben mit Gebet und Gottesdienst verbringen könnten«.

Eine Frage, die weiterer Untersuchung bedarf, ist Prokops interessanter Zusatz, die Kirche sei von Justinian »der Mutter Gottes« geweiht worden, die jedoch auf den Mosaiken in einer sehr untergeordneten Stellung abgebildet ist (in dem Medaillon im rechten Bogenzwickel). Vielleicht täuschte sich Prokop, was allerdings bei einer bedeutenden kaiserlichen Gründung sehr unwahrscheinlich ist; vielleicht wurde während des Baus der Kirche beschlossen, die Bestimmung zu ändern, aber ein solcher Wandel müßte noch geklärt werden.

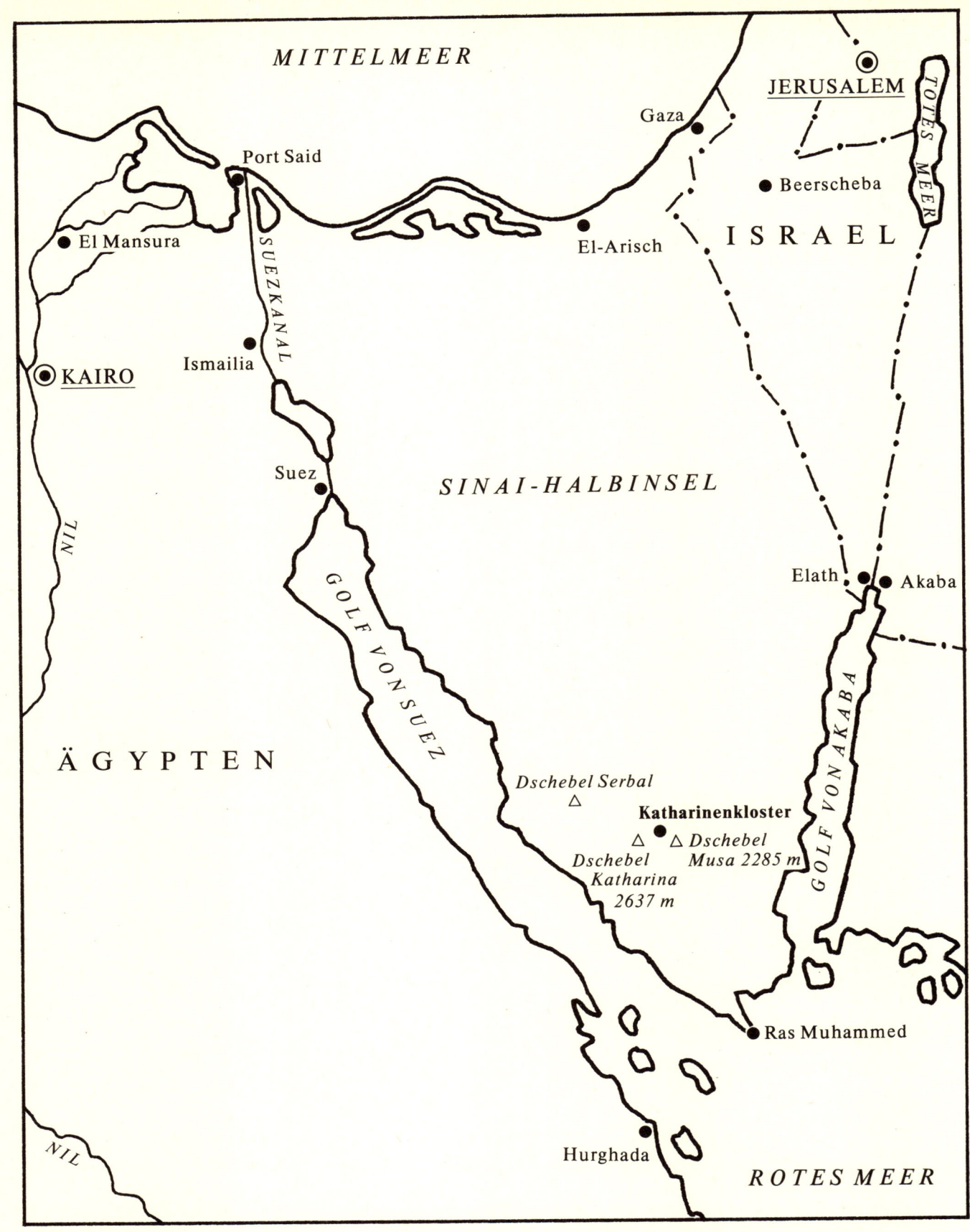

DIE HALBINSEL SINAI MIT DEM KATHARINENKLOSTER

Namens- und Ortsregister

Kursiv gedruckte Zahlen verweisen auf die Abbildungsnummern

Aaron *75*
Aila 83
Akaba 83
Akkon 15, 95
Alexandria 14, 16, *185*
Alexius, Heiliger *91*
Ananias, Heiliger *84*
Anderegg, Fred *204*
Andreas, Mönch *183*
Antipas, Heiliger *97*
Arba-In *45*
Archippus, Mönch *67*
Athanasios, Erzbischof *36*
Athos, Berg 15, 153
Bacchus, Heiliger *99*
Basilius, Heiliger 88, *100, 158*
Bethlehem 16
Charitonos, Heiliger *86*
Christophorus, Heiliger *101*
Christus 16, 62, 63, 84, 85, 86, 87, 88, 89, 92, 93, 95, 96, 156, 159, *74, 96, 119*
– Pantokrator 92, *52, 54, 88, 94, 95*
Damaskenos, Michael 153
Damaskus 85, *38*
Damianos, Erzbischof *178*
Daniel, Prophet *131*
David, König *78, 119*
David von Thessaloniki 78
Demetrius, Heiliger *118*
Dionysios, Mönch *20, 182*
Elias, Prophet 62, 84, 86, *55, 75, 103, 119, 121, 164*
El-Raha, Ebene 49, *47, 48*
Ephgenios, Mönch *170, 181*
Etheria 12, 49, 50, 51
Ezechiel *130*
Forsyth, George H. 49 ff., *205*
Gabriel, Erzengel *69*
Georg, Heiliger 92, 95, *71, 77, 93, 94, 98*
Gregor von Nazianz 157, 158, *100, 148, 154, 158, 163*
Haggai *133*
Hakim, Al 13

Helena, Heilige 59
Hiob 156, 157, 158, *150–153*
Horeb, Berg siehe Musa, Dschebel
Ioannikios, Erzbischof *37*
Isaak 86, 87, 93
Jakobus, Heiliger 62, 84, 86, 88, *119, 124*
Jephtha 87, 93
Jeremias, Mönch *21, 179*
Jeremias, Prophet *134*
Jeremias von Kreta 89, 153
Jerusalem 13, 14, 15, 16, 49, 87, 93, 94, 95, 153
Johannes, Heiliger 62, 84, 86, *62, 76, 119*
Johannes Chrysostomos 84, 88, *100*
Johannes der Täufer 85, 86, 89, 95, 96, *73, 89, 92, 119*
Johannes Diakonus 84, *129*
Johannes Klimakus 93, 94, 157, *87, 115, 116, 156, 159, 162*
Justinian, Kaiser 12, 13, 49, 50, 51, 57, 60, 64, 81, 82, 86, 91, 92, 154, *34*
Karl VI. König von Frankreich 159, *140*
Katharina, Dschebel 14, 83, *50*
Katharina, Heilige 14, 15, 60, 83, 87, 89, 91, 94, 160, *39, 50, 70, 75, 137, 139, 140, 177*
Katharinenberg siehe Katharina, Dschebel
Konstantinopel 13, 14, 15, 86, 88, 92, 93, 96, 156, 157, *65, 77, 80, 89, 104*
Kosmas 158
Kyrillos, Erzbischof *9*
Laurentios, Erzbischof *28*
Longinus, Abt 84, *136*
Ludwig der Heilige 95
Malachias, Heiliger *132*
Maria siehe Muttergottes
Michael, Erzengel *66, 67*
Moses, Prophet 11, 49, 51, 62, 63, 84, 85, 86, 88, 91, 96, 159, *20, 45, 72, 75, 119, 122, 126, 127, 128*

Mosesberg siehe Musa, Dschebel
Moussa, Beduin *204*
Musa, Dschebel 11, 12, 14, 49, 62, *2, 40, 41, 42, 49, 149, 191*
Muttergottes 85, 86, 88, 89, 91, 92, 93, 95, 96, 156, 158, *60, 62, 72, 75, 76, 77, 79, 89, 92, 119, 177*
– Glykophilousa *58, 59, 61*
– Hodegetria *63, 99*
Nazareth 16
Nikandros, Mönch *180*
Nikolaus, Heiliger 94, *85, 93*
Noah 158, *164*
Olympiodorus 156, *150–153*
Pachomios, Mönch 90
Panteleimon, Heiliger 95
Peter von Monabata 156
Petrus, Heiliger 62, 84, 92, *76, 89, 92, 119, 125*
Porphyrios III., Erzbischof von Sinai 87, *186, 203*
Prokop, Heiliger 95
Prokop von Caesarea 12, 50, 51, 52, 57
Prokopius, Mönch *23, 24*
Saad, Beduin *193*
Salomon, Erzbischof 87
Serbal, Dschebel 11, 12
Sergius, Heiliger *76, 99*
Sina, Berg siehe Musa, Dschebel
Spiros, Mönch *184*
Stamatios von Athen *37*
Stephanos, Heiliger *43*
Stephanos, Mönch *190*
Stephanos von Aila 57, 82
Tabor, Berg 84, *126*
Thabit, Mönch 158
Theodor, Heiliger *77, 92*
Theodora, Kaiserin 57, 82, *34*
Theodosia, Heilige *68*
Theodosios, Heiliger *86*
Thietmar, Magister 52, 63
Tischendorf, Konstantin von 154
Wadi ed-Deir 49
Weitzmann, Kurt 11 ff., 81 ff., *203, 204*
Zephanja *135*

191

CIP-*Kurztitelaufnahme der Deutschen Bibliothek*
Galey, John: Sinai und das Katharinenkloster /
John Galey. Einf. George H. Forsyth; Kurt Weitzmann.
[Übers. aus d. Engl.: Brigitte Weitbrecht] -
3. Aufl. - Stuttgart; Zürich: Belser, 1982
ISBN 3-7630-1276-1

Übersetzung aus dem Englischen: Brigitte Weitbrecht

3. Auflage 1982
© 1979 by Belser AG für Verlagsgeschäfte & Co. KG,
Stuttgart und Zürich für die deutschsprachige Ausgabe.
Alle Rechte vorbehalten.
Buch- und Umschlaggestaltung: Hermann Kießling, Stuttgart
Reproduktion: Schwitter AG, Basel
Satz: Knauer Layoutsatz GmbH, Stuttgart
Druck und Binden: L.E.G.O. Italien
Printed in Italy

ISBN 3-7630-1276-1